迷悟之间

法界为心

星云大师

迷悟之间

般若

心灵处方

中华书局

图书在版编目(CIP)数据

般若:心灵处方/星云大师著.—北京:中华书局,2014.11
(2015.6 重印)
(迷悟之间)
ISBN 978－7－101－10239－0

Ⅰ.般… Ⅱ.星… Ⅲ.佛教－人生哲学－通俗读物
Ⅳ.B948－49

中国版本图书馆 CIP 数据核字(2014)第 141896 号

本书由上海大觉文化传播有限公司独家授权出版中文简体字版

书　　名	般若:心灵处方
著　　者	星云大师
丛书名	迷悟之间
责任编辑	焦雅君
出版发行	中华书局
	(北京市丰台区太平桥西里38号　100073)
	http://www.zhbc.com.cn
	E-mail:zhbc@zhbc.com.cn
印　　刷	北京瑞古冠中印刷厂
版　　次	2014 年 11 月北京第 1 版
	2015 年 6 月北京第 2 次印刷
规　　格	开本/889×1194 毫米　1/32
	印张7　插页7　字数80千字
印　　数	6001－9000 册
国际书号	ISBN 978－7－101－10239－0
定　　价	35.00 元

星云

迷悟一念之间 ....

从二〇〇〇年四月一日开始,我每日提供一篇"迷悟之间"的短文给《人间福报》,写了近四年,共一一二四篇。于二〇〇四年七月结集编成十二本书,由台湾的香海文化出版。

此套书截至目前发行量已近两百万册。曾持续被《亚洲周刊》、金石堂、诚品等书局列入畅销书排行榜,三十一位高中校长联合推荐,以及许多读书会以此书作为研读讨论的教材,不少学生也因看了《迷悟之间》而提升了写作能力等等。

由于此套书具有人间性和普遍性,深受海内外人士的喜爱,除了中文版,其他国家语言的版本有:英文、西班牙文、韩文、日文……全球各种译本的发行量突破了五十万册。尤其难得的是,大陆"百年老店"中华书局也要在二〇一〇年五月出版中文简体版,乐见此套书能在大陆发行。

曾有几位作家疑惑地问我:"每日一篇的专栏,要持续三四年,实非易事! 你又云水行脚,法务倥偬,是怎么做到的呢?"

回顾这些年写《迷悟之间》的情形，确实，我一年到头在四处弘法，极少有完整的、特定的写作时间。有时利用会议或活动前的少许空当，完成一两篇；有时在跑香、行进间，思绪随着脚步不停地流动；长途旅行时，飞机舱、车厢里，更常是我思考、写作的好场所。

每天见报，是一种不可推卸的责任；读者的期待，则是不忍辜负的使命。虽然不见得如陆机的《文赋》所言："思风发于胸臆，言泉流于唇齿"，但因平时养成读书、思考的习惯，加上心中恒存对国家社会、宇宙人生、自然生命、生活现象、人事问题等等的留意与关怀，所以，写这些文章并不是太困难的事。倒是篇数写多了，想"题目"成了最让我费心的！因此，每当集会、闲谈时，我就请弟子们或学生们脑力激荡，提出各种题目。只要题目有了，我稍作思考，往往只要三五分钟，顶多二十分钟，就能完成一篇或讲理述事、或谈事论理的文章。

犹记当初为此专栏定名时，第一个想到的名称是"正邪之间"，继而一想，"正邪"二字，无论是文字或意涵，都嫌极端与偏颇，实在不符合佛教的中道精神，遂改为"迷悟之间"。我们一生当中，谁不曾迷？谁不曾悟？迷惑时，无明生起，烦恼痛苦；觉悟后，心开意解，欢喜自在。

其实，迷悟只在一念之间！一念迷，愁云惨雾；一念悟，慧日高悬。正如经云："烦恼即菩提，菩提即烦恼！"菠萝、葡萄的酸涩，经由阳光的照射、和风的吹拂，酸涩就可以成为甜蜜的滋味。所以，能把迷的酸涩，经过一些自我的省思、观照，当下就是悟的甜蜜了。

曾经有些读者因为看了《迷悟之间》而戒掉嚼槟榔、赌博、酗酒的坏习惯；也有人因读了《迷悟之间》而心性变柔软，能体贴他人，或改善家庭生活品质，甚至有人因而打消自杀的念头……凡此，都是令人欣慰的回响。

《六祖坛经》里写道："不悟，佛是众生；一念转悟，众生是佛。"迷与悟，常常只在一念之间！祈愿这一千余篇的短文，能轻轻点拨每个人本自具足的清净佛性，让阅读者皆能转迷为悟、转苦为乐、转凡为圣。

星云

二〇一〇年二月

于佛光山法堂

星云大师传略

　　星云大师，江苏江都人，一九二七年生，为禅门临济宗第四十八代传人。十二岁于宜兴大觉寺礼志开上人出家，一九四九年赴台，一九六七年开创佛光山，以弘扬"人间佛教"为宗风，树立"以文化弘扬佛法，以教育培养人才，以慈善福利社会，以共修净化人心"之宗旨，致力推动佛教文化、教育、慈善、弘法等事业。

　　在出家一甲子以上的岁月里，大师陆续于世界各地创建二百余所道场，并创办十八所美术馆、二十六所图书馆、四家出版社、十二所书局、五十余所中华学校、十六所佛教丛林学院，以及智光商工、普门高中、均头中小学。此外，先后在美国、中国台湾、澳洲创办西来、佛光、南华及筹办中的南天四所大学。二〇〇六年，西来大学正式成为美国大学西区联盟（WASC）会员，为美国首座由华人创办并获得该项荣誉之大学。

　　一九七七年成立"佛光大藏经编修委员会"，编纂《佛光大藏经》、《佛光大辞典》。一九九七年出版《中国佛教白话经典宝藏》，一九九八年创立人间卫视，二〇〇〇年创办佛教第一份日报《人间福报》，二〇〇一年将发行二十余年的《普门》杂志转型为《普门学报》论文双月刊，同时成立"法藏文库"，收录海峡两岸有关佛学的硕、博士论文及世界各地汉文论文，辑成《中国佛教学术论典》、《中国佛教文化论丛》各一百册等。

大师著作等身，总计二千万言，并翻译成英、日、西、葡等十余种文字，流通世界各地。于大陆出版的有《佛光菜根谭》、《释迦牟尼佛传》、《佛学教科书》、《往事百语》、《金刚经讲话》、《六祖坛经讲话》、《人间佛教系列》、《星云大师人生修炼丛书》、《另类的财富》等五十余种。

大师教化宏广，计有来自世界各地之出家弟子千余人，全球信众则达数百万之多；一生弘扬人间佛教，倡导"地球人"思想，对"欢喜与融和、同体与共生、尊重与包容、平等与和平、自然与生命、圆满与自在、公是公非、发心与发展、自觉与行佛"等理念多所发扬。一九九一年成立国际佛光会，被推为世界总会会长；于五大洲成立一百七十余个国家地区协会，成为全球华人最大的社团，实践"佛光普照三千界，法水长流五大洲"的理想。二〇〇三年通过联合国审查肯定，正式加入"联合国非政府组织"(NGO)。

大师自一九八九年访问大陆后，便一直心系祖国的统一。近年回宜兴复兴祖庭大觉寺，并捐建扬州鉴真图书馆、接受苏州寒山寺的赠钟，期能促进祖国统一，带动世界和平。

大师对佛教制度化、现代化、人间化、国际化的发展，可说厥功至伟！

目 录

3

心药方

　　《佛光菜根谭》一书的封底，曾仿石头禅师的"心药方"，订了一个《生命的药方》："好心肠一条，慈悲意一片，道理三分，敬人十分，道德一块，信行要紧，老实一个，中直十成，豁达全用，方便不拘多少，此十味药，用包容锅炒，用宽心炉炖，不要焦，不要燥，去火性三分（脾气不要大），于整体盆中研碎（同心协力），三思为本，鼓励做药丸，每日进三服，不限时，用关爱汤服下，果能如此，百病消除。"

　　我们的心生病了，有的时候心浮气躁，有的时候妄想纷飞，有的时候贪欲无尽，有的时候瞋恨不停。

　　身体病了，可以用物理治疗，可以用医药治疗，可以用饮食治疗，可以用运动治疗。但是，心灵病了，要怎样治疗呢？

　　佛教说，佛陀是大医王，佛法是"心药方"，僧侣如看护师。一般人身体有了疾病，不难察觉；即使看不出来，透过仪器也能检查出来。心里有病，不容易看得到；即使知道，也不容易去除根治。例如：疑心病、骄慢病、忿恨病、邪妄病、虚假病、烦恼病，甚至无惭无愧、懈怠惛忱、散乱放逸等，不靠佛陀的"心药方"，我们的心病怎么能治好呢？

我们心里的尘埃，心里的病态很多，佛法有很多治心的药方。例如：贪婪的毛病要用喜舍来对治，瞋恚的毛病要用慈悲来对治，愚痴的毛病要用智慧来对治，我慢的毛病要用谦虚来对治，疑虑的毛病要用正信来对治，邪恶的毛病要用正道来对治。

唐时，吕洞宾向汉钟离学习点金术。有一天，吕洞宾问汉钟离道："因点金术而变成的黄金，会不会还原？"

汉钟离答："要经过五百年后，才会回复原状的石头或铁。"

吕洞宾听后，说道："如果是这样，岂不害了五百年后的人吗？我想还是不学点金术好了。"

汉钟离赞叹道："修道成仙要累积三千年的功行，就凭你这一句话，三千年的功德就已经圆满了。"

在《五苦章句经》说："心取地狱，心取畜生，心取天人。"原来三途六道都取决于我们的心里一念；心生则种种病生，所以"心药方"之于贪取五欲六尘为乐的凡夫众生，就显得更为重要了！

官员的尊严

往昔的官员，总是令人羡慕。因为，他们有做官的尊严！

自古以来，凡是好官，光明正大、耿直刚毅，都是为民所称道！即使最差劲的官员，至少也能摆出个官架子，表现出官僚的气势，总也还有一些尊严可言。但是，到了现在，一些做官的，往往失去了尊严，令人不齿！

现在的官员之所以没有尊严，倒不完全是因为现在已是民主时代，官员不再像古代那样身操生杀大权，不能为所欲为，所以他们就没有了尊严。

其实，现在的官员为什么失去尊严？原因在于人格操守，不复为人信服。例如，讲话没有诚信。当要选举的时候，对你打躬作揖，叩头不已；一旦选举过后，你有事找他，他就推三阻四，甚至路上见了面，他也随即掉头就走，完全看不到选举前的诚恳态度。前后判若两人，如何令人尊敬？

再者，现在的官员，所谓"无官不贪"。你拿了我的，吃、喝、用都是我的，你还有什么尊严？

尤其，现在的官员，讲忠信、讲仁爱、讲道义的，固然有之；但是更有的官员，以磨人为快乐之本，用拒绝来维持他的官僚气势，以拒不见人为他的高贵，以找人麻烦来树立他的权威。如此官员，怎么会有尊严呢？

所谓"官员的尊严"，像关云长的"秉烛达旦"，像魏徵的"谏说唐太宗"，像文天祥的"死难不屈"，像范仲淹的"先天下之忧而忧，后天下之乐而乐"，他们怎么会没有尊严呢？

开空头支票的官员，是没有尊严的！仗势欺人的官员，是没有尊严的！朝令夕改的官员，是没有尊严的！蒙混欺骗的官员，是没有尊严的！

幽厉桀纣，虽为帝王，由于他们不勤政国事，贪淫暴虐，他们会有尊严吗？历代多少忠贞的大臣，当他们被送上断头台的时候，你能说他们没有尊严吗？所以，"官员的尊严"不是自己摆个架子就能获得的，是从他平常的言行一致，为民服务，所谓"做人民的公仆"，公正廉明，热诚服务，树立形象，他才有官员的尊严！

"物必自腐而后虫生，人必自侮而后人侮"！今日的官员们，只要你能无欲无求，只要你能真正为国为民，你们自然就会有尊严了！

人，住在哪里？

人，住在哪里？人，当然住在家里！

家，能够给我们永远的安住吗？动物中，即使一只小鸟，当它长大以后，也要离巢高飞，不肯住在鸟巢里；一只小狗长大了，它也欢喜到外面奔跑，不愿意待在屋子里。中国字的"家"，宝盖头下面一个"豕"；天天赖在家里，不是像懒猪一样吗？

"家"，不是永远的安乐窝，那么我们住在哪里呢？住在金钱里！金钱被骗了、被盗窃了，股票跌停板，钱财流失了，你住在哪里呢？

人，住在爱情里！情爱确实是人生幸福的追求。但是，世事无常，情爱会变化，当夫妻离婚了，恋人反爱为仇了，你住在哪里呢？

人，住在名位里！然而"树大招风，名大招忌"。你看，每次选举，多少人欢喜地上台，多少人黯然下台！下台后，你住在哪里呢？

　　人，住在事业里！为了事业，每天忙东忙西，忙得不顾妻子儿女，忙得不能回家吃晚饭，忙到最后，不但不记得自己有家，甚至忘记了自己的生命安危。所以，《金刚经》说，不以色、声、香、味、触、法安住身心。

　　人究竟要住在哪里呢？"应无所住，而生其心"！

　　你看，太阳住在虚空之中，你以为它无所依靠，其实它一点也不危险，无住就是它的安住呀！正如出家人，看似无家，其实处处为家，这是何等的逍遥自在！

　　我们的生活里，功名富贵、金钱物质不是不重要，只是你可以用它，但不能被它所用。所谓"百花丛里过，片叶不沾身"，陶渊明不为五斗米折腰，顺治皇帝感叹"百年三万六千日，不及僧家半日闲"，他对于解脱自在的人生，是多么向往啊！

　　"吾有法乐，不乐世俗之乐"，这是安住身心、提升自我性灵的良方。能够"身心安住"，才能圆满生命，才能拥有快乐的人生。

　　所以，人不要住在五欲六尘里；人，宁可过清闲自在的人生，千万不要做了金钱的奴隶。把身心安住在满足中，则能自适其适，自可随缘放旷，自能安然自在过生活！

幽谷兰香

　　黄金藏在地下，大鱼游于深水，君子隐居于山林，乔木生长在高山。人的出身、家世、环境、风俗、人情，都能影响其一生。

　　自古将相本无种，英雄不怕出身低；为人不怕生于贫贱，但需要靠因缘的成就。正如黄金需要大地的保护，大鱼需要深水的呼吸，君子在山林中吐纳修养，乔木在高山上与风霜为伴。又如玉器虽美，必须经过琢磨；钢铁虽坚，但要高温锻炼；铜镜映照，也要经常拂拭；幽兰清香，必须深谷保护。

　　圣贤不怕困于陋巷，英雄也不怕出身寒微，只看我们自己努力。台湾地区白手起家的富豪巨贾，例如卖砖瓦出身的王永庆、摆布摊创业的吴修齐等，贫寒子弟创业有成的例子，比比皆是。所以，一个人一时的不得志，不必气馁，大器晚成，要待因缘也！

　　姜太公八十犹垂钓于渭滨，因缘际会做了文王的宰相；宋朝郓州须城的梁灏八十二岁才高中状元，终于扬眉吐气于乡里。一时遭遇不好，不必气馁，但看世界各国的政治人物，他们竞选公职时，虽然一次、二次没有当选，但他们并不失望，总是等待时机因缘，以图东山再起。人，只要不怕做老二，不要怕时间的延长；荣显发达，总是早晚而已。

东汉的庄光先生，一生不愿浮沉宦海；虽然他的爱人阴丽华最后成为汉光武帝的嫔妃，在政治上他也没有出将入相，他只是招贤纳士，以助汉光武帝，但历史上也没有忘记庄光严子陵的地位。意思是，汉光武帝刘秀如中天高日，庄光严子陵则如幽谷兰香。

所谓"君子穷则独善其身，达则兼善天下"；做人如果能像玫瑰蔷薇种于市街道旁，当然很好，不然就做幽谷兰香。

人，最怕的是高不成低不就，尤其不要满瓶不动半瓶摇。当一时的时机因缘不具，不必强行推销自己，更不必急于出头，正如黄金钻石，不要急于求售。如果能像深谷幽兰，散发清香在人间，不亦美矣！

刀口之蜜

佛教有一段譬喻,说人生如一座枯井。

有一位旅人,在路上行走,忽然遇到一只老虎追赶他。情急之下,看到路边有一口枯井,他就攀着路边的一根树藤,垂入井中。

正当惊魂甫定,庆幸之余,往下一看,发现井底有四条大蛇。旅人大惊,不敢落地,只得悬在半空。此时忽然举头,又见头上有黑白二鼠,正在啃啮树藤。旅人心惊,不知如何是好,因为上有老虎,下有毒蛇,眼看着树藤又将被黑白二鼠咬断,真是忧心如焚。正当此时,头上正好有五只蜜蜂飞过,滴下了五滴蜜汁,刚好滴入旅人的口中,旅人觉得非常甜蜜,一时竟忘了自身的处境十分危险。

这个譬喻是说,我们在生死的枯井中,被无常的猛兽追赶。仗着业力的生命线,垂落在井中;下有四条毒蛇(喻地、水、火、风四大)要分裂我们的身心,还有昼夜的黑白二鼠又在啃啮我们生命的树藤。此时蜜蜂滴下了五滴蜜，让我们暂时忘记了危险，这正如"刀口之蜜"，虽有割舌之患，因为其味甜美，因此轻易地就让我们忘记了割舌的危险，这就是人生的实相。

刀口之蜜是什么？就是财、色、名、食、睡"五欲"之味也。人生世间，种种的苦难，例如：身体上的老病死苦、心理上的贪瞋痴苦，乃至社会上的爱恨情仇之苦、境界上的是非好坏之苦、自然界的刀兵地震之苦等。种种的苦难，人都堪能忍受，其原因就是因为有那五滴蜜的暂时之乐，让我们甘受种种的苦难。

仔细想来，这种短暂、虚浮的人生，就算是夕阳无限好，也是已经近黄昏。人生的寿命，所谓"如少水鱼，斯有何乐"？然而我们面对宝贵的人生，也不能被"苦空"、"无常"所击倒。我们应该在有限的生命里，做出无限的事业来；在有限的岁月里，创造出无限的生命价值，千万不能贪图一时的"刀口之蜜"，而置死生于不顾。

诗云："有花堪折直须折，莫待无花空折枝。"其实这也是我们面对有限的生命时，应该抱持的积极态度喔！

千锤百炼

明朝的于谦有形容石灰诗云:"千锤百炼出深山,烈火焚烧若等闲。碎骨粉身浑不怕,要留清白在人间。"

这首诗对于一个人的立志奋发向上,有很大的鼓励。石灰本来是土石的矿物,但是经过烈火的焚烧,虽然粉身碎骨,但是粉刷在墙壁上,就留得洁白无瑕给大众。所谓"杀身成仁,舍生取义",这就树立了圣贤的榜样。

世界上的伟人,哪一个不是经过"千锤百炼",才能名垂青史?哪一个宗教家不是经过"千锤百炼",才能活在世人的心中。乃至现在社会上成名的人物中,何尝不都是经过"千锤百炼",才能创造出令人推崇敬重的丰功伟业?

例如,荆轲为了行刺秦王,所谓"风萧萧兮易水寒,壮士一去兮不复还"。虽然明知此去生死未卜,依然慷慨就义,故能成为一代的侠义之士;岳飞为了精忠报国,所谓"壮志饥餐胡虏肉,笑谈渴饮匈奴血",他如果没有"踏破贺兰山阙"的勇气,就不能成为一代名将。

南宋名相文天祥，抗元兵败被俘，宁死不屈，在狱中写下"正气歌"，以伸其志；清兵入关，死守扬州的史可法，誓死不降，宁以一死报效国家，气节凛然。

燕国名将乐毅，在连下齐国七十余城后，因君王听信谗言，阵前换将，他在悲痛之余悄悄去国，所谓"君子绝交，不出恶声；忠臣去国，不洁其名"。他宁可自己受辱，也不肯让君王的名声受到损害。

近代的抗战名将张自忠，为国死难，为国捐躯，即使敌人也要受到感动而向他敬礼。参加清末维新的谭嗣同，发表"要革命，不流血，能让人觉醒吗"的宣言，固然豪气干云。黄花岗七十二烈士慨然牺牲自己的生命，以换取人民的觉醒，更是浩气凛然，令人起敬。

富楼那要到蛮荒地区去弘法，那边非常危险，但他愿将生命奉献给佛陀；永明禅师的"将此一命，供养众生"，都是那么的壮烈豪气，令人肃然。

一个人如果不肯"粉身碎骨"，对世间能有贡献吗？我们即使做不到"壮烈成仁"，至少要有此理念，才能遗留人间的清白。你如果不把功行留在人间，不把牺牲、嘉言、思想留在人间，不能让世人心生仰慕，如何与历史大众同在？因此，人生的意义，应该要像石灰一样，留得清白在人间，千万不要与草木同腐朽啊！

凡事预则立

人在世间生活，每凡做一件事，都要有预备、有计划，才能逐步完成。即使是要订一个计划，也必须把人力、财力、时空、人事等关系，都要能预算到计划之中。如能因缘条件俱全，则事业成功，自然有望。

现在的社会愈来愈复杂，不再像过去"走一步，算一步"、"船到桥头自然直"了；现在的社会，都是"拔一毛而牵动全身"。例如，身体有病了，要到医院治疗，都必须预先经过检查、验血、照X光等诊断，然后才能治疗。如果要修筑一段公路，也必须事先测量、购地、绘图、发包，把监工、用材，甚至气候、周围环境、行人的安全、工人的管理等相关事情，都要预先计划周全，才能事半功倍。

现在所提倡的生涯规划、生活规划、事业规划等，在在都说明：凡事预则立。当然，生活中有一些事情是临时起意，也并非不可以，只是也必须要有一些事前的因缘条件。例如领导者的条件，或者是万缘皆备，或者是时势所趋，或者是顺时应势。如果事前因缘条件都不具备，所谓没有计划、没有预备，要想事情圆满成功，这就难矣了！

幽默大师林语堂先生，一生应邀做过无数场的讲演，但是他不喜欢别人未经事先安排，临时就要他即席讲演，他说这是强人所难。他认为一场成功的讲演，唯有经过事前充分的准备，内容才会充实。

有一次，林语堂应邀参观一所大学。参观后，与大家共进午餐，这时校长认为机不可失，便再三邀请林语堂对同学即席讲话，林语堂推辞不过，于是走上讲台，说了这么一个故事：

古罗马时代，暴虐的帝王喜欢把人丢进斗兽场，看着猛兽把人吃掉。这一天，皇帝又把一个人丢进了兽栏里。此人虽然矮小，却是勇气十足，当老虎向他走来，只见他镇定地对着老虎耳语一番，老虎便默默地离开了。皇帝很惊讶，又放了一头狮子进去，此人依旧对着狮子的耳边说话，之后狮子一样悄悄地离开。这时皇帝再也忍不住好奇，便把此人放出来，问他："你到底对狮子、老虎说了什么话，为什么它们都不吃你？"此人回答说："很简单呀，我只是告诉它们，吃我可以，但是吃过以后，你要做一场讲演。"

一席话听得学生哄堂大笑，可是一旁的校长却窘得不知所措。

对于一个如林语堂这么擅长讲演的学者，他都不做没有预备的讲演，可见事前预备工作的重要。所谓"凡事预则立，不预则废"，实堪作为我们生活的座右铭啊！

痛苦难忍

人，都有感受；有感受，就会有苦。所谓"苦受"里面，有"苦苦"，有"坏苦"，有"行苦"。

"苦苦"，人生本来就苦。例如，饥寒交迫，贫穷潦倒，人情难堪等等。"人之大患，在吾有身"！人有身体，原本就有"五阴炽盛苦"，再加上世间这许多的苦，真是苦上加苦，这就是"苦苦"！

所谓"坏苦"，房子倒了，钱财被骗了，名位丢失了，身体老病了，自然就会感到"坏苦"。

所谓"行苦"，世间由不得你做主，它会变异，它会无常。面对世事人情的无常变化，总叫人触景伤情、睹物思人，这种精神上的感伤之苦，就更是不堪接受了。

但是，世间的苦，最主要的是由"痛"而来。所谓"痛苦"最难忍受，如果不痛，老病也不一定就是苦！名位丢了，钱财没了，如果不觉得心痛，自然也就不以为苦了！

　　自古以来，最无人道的"苦刑"，目的就是要让你"痛"！中国的父母棒打儿女，就是要让你痛，你才会奋发；丈夫殴打老婆，揪住头发，拳打脚踢，也是要你痛，你才会顺从。对你打骂，给你难堪，都是因为要你觉得"痛"；因为"痛"，你才会觉得"苦"。

　　身心对痛苦的忍耐是有限度的，超过了限量，就不能承受。所以，任凭你是英雄好汉，如果痛苦到了极点而不能承受，即使英雄也会变狗熊！因为痛苦之时，人生就失去了尊严。在痛苦煎熬之下，生命的意义更是光彩尽失！

　　世间之苦，皆由"痛"而来，故而叫"痛苦"。如果能训练自己，身不疼，心不痛，自然也就不以"痛"为"苦"了！

　　痛苦有精神上的苦、物质上的苦、时间上的苦、空间上的苦、人事上的苦。当身陷牢狱，身体不得自由，或是空间局促，身手不得伸展，都是一种痛苦。然而，一切痛苦，最难忍受的就是身心的痛苦。当身心痛苦的时候，真是所谓的"痛不欲生"。所以，我们最好先把身体锻炼坚强，让身不苦，再修炼自己的内心，让艰难逆境来临的时候，心不觉苦。从心不苦，进而做到身不苦，只要身心不苦，人生的妙乐自是其乐无穷！

防漏

　　房子漏了，要找工人来修理；木桶漏了、锅子漏了，也要找人来修补，不补，就不能用了！

　　漏，是东西坏了的意思。汽车漏油，水管漏水，都要加以修理，不修理，就无法使用。人的身体，有时候也会有"破"、"漏"的时候。例如肠胃破了，就会胃溃疡、胃出血、胃穿孔；皮肤破了，就会流血、流脓。凡是"漏"，就是表示有了问题。

　　佛教把世间的东西分为两类：一是有为法，也叫有漏法；二是无为法，也叫无漏法。世间的森罗万象，地水火风，因为受无常苦空的变异，时刻都在流转，所以归为"有漏法"；凡是常乐我净、不生不灭的真如涅槃，就称为"无漏法"。一些修道的人，都在想办法要超越有漏法，希望从有漏的世界，到达无漏的世界。

　　有人说，人无十全，就是因为人是有漏法；人世间不完美，也是因为人世间也是有漏法。有一些忠臣孝子，为国尽忠，为亲尽孝，但后来又出了问题，一定是他尽忠以外，有了问题，把忠诚漏了；尽孝之外，有了问题，把孝道漏了。因为有漏，忠没有忠的结局，孝没有孝的结果，就如同一些佛教信徒，一生虔诚信仰，但偶尔心有不平，恶口相向，就把功德法财给"漏"了。

一艘大船，尽管可以普载万千的人货，但是船舱漏水，就会有沉没的危险。一桶瓦斯，尽管可以发电加热，给人很大的功用，但是瓦斯漏气就会致人死亡。意思是说，我们做事，常因为"有漏"而前功尽弃、功亏一篑。

什么是"漏"呢？佛教里讲漏，就是烦恼、五盖、缠结等意思。烦恼常把人生的大船给"漏"沉了，因此人生在世，一直在想办法要补漏。慈悲不够的，要增加慈悲；智慧不足的，要增加智慧；凡是功德善事不全的，要多多地广结善缘，多多地积聚阴德。

人有烦恼，人就是有漏。漏之一字，就是缠、结、缚、障、盖、系、垢、使、轭等，都是异字同义；甚至又有瀑流、稠林、随眠、尘劳、客尘、火焰、毒箭、虎狼、险坑等譬喻。我们对于漏之缺陷，实在不得不防啊！

人生的阶梯

现代的社会，医学发达，生活素质提升，在先进的国家里，人民的平均寿命大约可以活到八十岁。如果用八十岁的人生比喻八十层的大楼，则人从呱呱坠地的一岁开始，一岁又一岁，就等于爬上一层又一层的大楼。

在漫漫的人生旅途中，如何才能爬上最高的八十层楼？也就是我们最高的寿命、最巅峰的人生呢？

话说有兄弟二人，外出登山，下山后回到八十层楼的家，正好碰上大楼的电梯故障。登山的兄弟觉得无所谓，仗着他们平时登山、训练有素，因此虽然爬楼梯上楼很辛苦，他们还是振奋起精神，卖力地往上爬行。

当他们爬到二十层楼的时候，不但不觉辛苦，不觉疲累，反而自觉自己是登山的好手，何惧于高楼？于是又再努力往上爬。当爬到四十层楼的时候，忽然感觉到有些疲累了，尤其行李中装着爬山的道具，非常沉重。兄弟二人于是商量，决定暂时把行李放在第四十层楼，等到有电梯可乘时，再来取回。

凭着登高山的信心、勇气，再继续往上爬，到达了六十层楼，终于感到疲惫吃力，气喘吁吁，无力再往上攀登第八十层。但是仔细一想，都已经爬了六十层楼了，距离住家的八十层楼，只剩下二十层，还有何难？于是尽管辛苦、疲倦、气喘、流汗，种种的困难，腿酸力尽，终于还是爬到第八十层楼。当哥哥准备要开门进入家屋的时候，忽然大喊："糟糕！锁匙放在行李中，没有带上来！"此时兄弟二人不觉如泄气的皮球一般，感到一片茫然！

这个故事说明了，八十层楼的生命，八十年的岁月。最初二十层楼的人生，青春力壮，幸福快乐，无限美好。但是到了四十岁，为了家计儿女，生活的重担，就如行李的负担为难，这时候有的人就把这个负担放在四十岁，继续登上六十楼。在六十岁的人生里，已经感到体力不继，负担嫌重。不过人生往高处走，只得带着龙钟老态的身体，继续往上爬。当到达八十岁的人生高楼时，回首往事，那一把锁匙还留在第四十层楼，但此时已经没有力气再回头去取来打开幸福的家门了。

聪明的读者，你也有八十层楼的人生，每一层楼，你都想做些什么呢？

人生如球

　　人生，给它取一个比喻"如什么"？有人说"人生如梦"，有人说"人生如戏"，有人说"人生如露"；也有人说：人生如"苦聚"、人生如"过客"、人生如"浮云"！如果人生真的就只是像这许多的譬喻，那人生也就太可悲了！

　　其实真正说来，人生确实是"无常"、"无我"。人生数十寒暑，生不带来，死不带去。人生世间，如果没有立功、立德、立言，如果没有把人生的意义留一些在人间，确实是"空空地来，又空空地去"啊！

　　人生如什么？不要把它说得那么悲观，用一个比较中道的比喻："人生如球！"

　　人，从小读书求学，奋斗创业，直到成家做了父母，这时父母在小儿小女的心目中就如"篮球"。因为，我们看比赛打篮球的时候，两队球员莫不纷纷争着抢球，大家都说那是"my ball"（我的球）。

处事要如虚空，只有清明的存在，没有云丝的玷污；
待人要如澄水，只有晶明的莹洁，没有些微的污垢。

但是，随着父母年龄渐渐老了，儿女开始为了孝养父母的责任而推卸：二哥说应该是大哥的责任，大哥说应该由小弟奉养，小弟说应该平均分担，于是在儿女的安排下，父母只好这里住一个月，那边停二个月，可怜的父母这时就像"排球"一样，被儿女们推过来，又推过去。

甚至到了父母老病的时候，父母就像一个"足球"，儿女们忙着事业，忙着赚钱，觉得年老的父母实在是一个拖累，恨不得一脚把球踢得远远的。

其实，父母也不一定是排球、足球，只要父母自己本身有道德、有学问、有储蓄，那个时候父母就像"铅球"一样，任你要推也推不远，甚至儿女还会把你当"橄榄球"一样，紧紧地抱着，不肯放松呢！

人生"如什么"？你如果把自己的人生活得"如佛菩萨"一样，自然万人都会崇拜你；如果你把自己变得"如魔鬼"，当然万人就会遗弃你！

所以，我们可以把自己的人生规划成"如地"，普载万物；"如天"，覆盖大众；如"福田"，给人耕种；如"智库"，给人取用不尽。何必要把人生说得那么样的不堪呢？

人生如什么？人生不也是可以如春风、如冬阳吗？

广告的社会

　　中国社会的发展，从最初的游牧社会，进而到农业社会，进而到工业社会，又进而到重工业社会，现在已经进入到计算机网络的信息社会了。其实，我们把它缩小范围来说，现在是一个广告的社会。

　　现代人无论做什么事，都需要利用广告来做宣传。工厂里的产品想要走进社会大众的生活里，必须刊登广告；人求事，事求人，也要刊登广告；土地买卖，房屋求售，更要刊登广告。甚至，名人去世，需要刊登讣闻，父子情绝，也要登报脱离关系。有情人终成眷属，也要广告刊登结婚喜讯，分享友朋；夫妻恩断情绝，也用刊登离婚告示，周知亲属。

　　有的人有了痛苦、不平，无处申冤，可以用广告来诉求；有的人有了匡世的理念，不容易散播出去，可以用广告来周知天下。政府的政令，也要透过广告才能让民间知晓。在国际上名不见经传的小国，总要想办法透过广告，让世人认识。

广告已经走进了现代人的生活里。我们现在每天有报纸可看，先要感谢广告。因为报纸的发行，要靠广告作为资助、后盾。我们看电视，不可以讨厌广告；因为有广告，才有电视可看。平时购买日常用品，我们要感谢广告；没有广告，就没有信息可供参考。甚至假日休闲，想要看一场电影，也要透过广告，才会知道最近又有了什么新片上演。

过去佛陀称为"世间解"，他不必靠信息广告，就能无所不知、无事不晓。中国的读书人，也有所谓"秀才不出门，能知天下事"。然而现在我们的生活，必需要靠广告；透过广告，才能认识世界，才能知道社会。

广告能够反应时代的文化，甚至带领时代的发展。可惜现在的广告有一大弊病，那就是常常夸大其词、浮而不实，让民众对广告失去信心，诚所谓广告者，都是虚伪不实的宣传。

一句名言，能让社会人士流传，这句话就是广告。一个人做事，能让国际皆知，这就是替个人、替国家做广告。广告，在促进工商发达，带动社会繁荣的前提下，确有其存在的必要性。然而我们希望今后的广告，应该还原它真实、净化的本来面目，如此才能真正发挥广告的功用，带来全民的便利！

生命的价值

　　有一天，猪向牛抱怨说："人类很不公平，我在生的时候，人们就嫌我脏、嫌我懒、嫌我笨，但是当我死后，我的猪毛、猪皮、猪肉乃至五脏六腑，都没有丝毫的保留，全身都奉献给了人类；而牛你不但受到人们的赞扬，甚至还有'忍辱负重'的美誉，这对我实在太不公平了。"

　　牛回答道："我在生前就替人类拉车、耕田、提供牛奶，进而奉献我的全身，甚至我的牛皮都要比你的猪皮宝贵；而你则必须等到死后，人类才会得到你的好处，这就是我们不同的地方。"

　　每一个人虽然有先天上的根机和因缘的不同，但生命的价值高低，则是由每一个人后天的努力所创造出来的。所以，当人一出生之后，就应该对生命有一个创造和安排。

　　生命的意义，要能对人间有所贡献，有所利益。例如，太阳把光明普照人间，所以人人都欢喜太阳；流水滋润万物，所以万物也喜欢流水。

贝多芬成名后，有一次李希诺夫斯基王子命令他到某一个地方演奏。他在倾盆大雨中步行了三英里，演奏后，写了一封信给王子，他说："王子，你之所以成为王子，靠的是命运和出身；我之成为我，靠的是我自己。世界上有千百个王子，但是世上只有一个贝多芬。"

同样生而为人，生命的价值有的是来自于家族、金钱、时运，但有的是靠自己的奋斗、辛苦。有的人不但在世的时候就能造福社会，甚至像贝多芬，生前演奏的美丽乐章，直到他死后，依然受到世人的聆赏、喝彩。

生命的价值，不在于本身的条件优劣，而在于对人类是否有用？上千万元的钻石，有人独得了以后，珍藏起来，人们并不知道它的用途和宝贵；而不值钱的石头，以它来修桥铺路，却能供给普世人类的方便。所以，生命的价值究竟是要做一颗钻石呢？还是做一块普通的石头呢？

一座偌大的花园别墅里，只住了少数的家族，其他人等不容易进入；而一座路边的施茶亭、休息站，甚至一个公共厕所，万千人都能享受到它的贡献，你能说施茶亭、休息站、公共厕所不及花园和高楼的价值吗？

生命的价值，就看你自己怎样去发挥、怎样去表现？当人活着的时候，就要发挥生命的价值。如果像猪一样，死后才有利用的价值，也还算是好的，就怕死后如草木一样腐朽，只能当堆肥使用，这样的人生价值就太有限了。

如何活出生命的价值，你能不好好地用心经营吗?

逆流而上

语云："学如逆水行舟，不进则退。"学外国语言，长久不说，自然就会退步；读书没有温故而知新，当然就会不进则退。人生，都是在"逆流而上"，不奋斗，不精勤，当然就会后退。四果罗汉的初果"须陀洹"，中国话的意思就叫"逆流"，逆生死之流而往解脱道"逆流而上"。生死的激流容不得你片刻停止，你不能向前，当然就会后退了。

近来社会上有许多人，为事业做出种种的努力，可是受了一些挫折，遇到一些障碍，他就放弃了努力向前。正如海洋里的逆流，不容许你稍稍停止；你放弃了努力，你的事业当然就会被人迎头赶上，你不力图振作，即使不在逆流中覆没，也会从此一蹶不振。

合伙投资的经营伙伴，没有为事业打拼，只想分红、分利，老本分光了，当然事业就解体了。所以商场中流，要不断地投资，不断地增资，才能逆流而上，才能经得起逆流的冲激。经得起时空的考验，才能成就另外一番天地。

即以开一间小店来说，只希望三个月、半年就能一本万利，这是太如意的算盘了。初开的小店，在风雨中成长，在逆流中前进，不计划一年、二年、三年的奋斗向前，哪里能获得厚利呢？所谓"柳暗花明"、"峰回路转"，这都是在说明逆流以后的成就啊！

现在社会上，分有上流的社会、下流的人物，跻身上流的社会是经过多少的辛苦艰难，遭遇过多少的横逆，等于蝴蝶必须经过蛹的挣扎，才能破茧而出，春蚕必须吐丝作茧，等待蛹破才能羽化为蛾。人生没有不劳而获的道理，要想进入上流社会，就如同舟船逆水奋进，如果没有这种战斗的精神，而屈居下流，只贪图近利，只想沾别人的光，整日游手好闲，不肯付出劳力，当然只有自甘下流了。

世间，你看，读书的人，十载寒窗，到最后才能一举成名；十年栽树，到最后才有花果繁茂。聚沙成塔，集腋成裘。各行各业无不是需要经过一番的艰难辛苦，无不是需要在人海之中逆流而上，最后才能达到成功之境！

人生是生命之逆流，发愤才能增上；人生是生死之逆流，精勤才能逆流而上。事业是个竞争之流，发展才能成功；读书人在学海中流，要乘风破浪，有逆流而上的精神，才能学有所成。我们只要有"逆流而上"的精神，成佛作祖都能，何况读书、就业？又何患不能有成呢？

上中前的人生

　　有一种人，一生都喜欢做"上、中、前"：吃饭喜欢坐在上首，照相喜欢坐在中间，走路喜欢走在前面。你有注意到，在你左右身旁的朋友里，有这样的人吗？

　　吃饭坐在上首，表示自己的地位；但是也要知道，自己的修行能够让人"众星拱月"吗？照相坐在中间，也不是不可以，只是别人"心悦诚服"吗？走路走在前面，大家都"心甘情愿"尾随你而前进吗？否则想要"上、中、前"，你就必须谨慎考虑，如果不当的座位，你坐在上面，不只是座椅上有针有刺，可能今后在别人的想法，就把你踢出心外了。照相不当坐于中间，你不敬人、不谦虚，可能就会失去别人的拥戴。走路好走在前面，至高至大，不懂得敬老尊贤，不懂得谦虚让道，尤其少年得志，前面的陷坑，前面的危险，就够你消受的了！

　　我们看到吃饭的时候，大家推来推去，谁坐上首，固然大家自谦，但主要的，也是因为不敢贸然尝试上首的风寒。不过，如果过分地谦虚，也会给人讥为虚情假意。因此，不礼让固然不好，太过谦让，也会流于虚伪，能够进退有据，才是中道。

照相，是家长，当然坐于中座；是首长，当然坐于中座；是领导，当然坐于中座。中座者，是实至名归之位也！如果是身份不对，强挤于正中，还没有修到做中流砥柱、中兴栋梁，你衡量自己承受得起吗？

走路走在前面的人，前面都是领导、领袖、长者、贵宾，如果不当前而前，这不是走在前面，以后别人就会把你甩到后面去了。

人，不要先做"上、中、前"，要先由下而上、由偏而中、由后而前。下面的基础不厚实，你不能往上、往高，因为高处不胜寒。你不从偏处做起，一下子就挤入到核心，光芒四射，你有储蓄那么多的光电吗？后方的资粮充足，后勤的准备完善，我们才能渐渐地走向前方。

沩山禅师虽是开宗立派的一代禅师，却一直都有"居下如土"的精神，他甚至连所发的愿，都希望做一只为众生服务的老牯牛。可见一个人必须积聚万千的服务功德，才能成为上首菩萨。

社会上许多创业成功的大企业家，不都是从外务员、推销员做起，而后才功成名就的吗？所以，立身处世也好，成功立业也好，先要安于幕后，等到自己的表现慢慢被人肯定，所谓"龙天推出"，届时因缘成熟，即使你不想向前，别人也会拥戴着你，推向上、中、前。

慌张误事

办事时，有人容易紧张，有人自在从容。如果事情快速成办，限时完成，这是理所当然。但不能紧张，因为紧张，必定难以周全。

从容做事，按部就班，一一成办，这也是理所当然的。但是，从容不是缓慢，不是拖延。如果因循苟且，浪费时日，这也是办事不力。最好的办事态度是从容而不拖拉，慎重而不紧张。

人，一到紧张的时候，说话就容易颠三倒四，做事也容易手忙脚乱。紧张容易出乱子，例如拆错信件、接错门铃、误吃药物、以醋当酒等。甚至，驾驶车子如果过分紧张，往往在紧急的时候踏错刹车板，反而踩到油门，后果真是不堪设想。

话说有一位生性容易紧张的媳妇，一日接到娘家带来口信，说有急事。这位媳妇一听，立刻从床上抱起孩子，拔腿就往娘家跑。

途中行经一片冬瓜田，不慎被瓜藤绊了一跤，抱在手中的孩子也随着跌到瓜田里。自己先是一骨碌爬了起来，摸摸孩子，赶快抱起来又跑。跑回到娘家一看，不是孩子，竟是冬瓜一个，不禁悲从中来，痛哭失声。

娘家的兄长先是对她安抚一番，然后陪同赶回冬瓜田里寻找孩子，哪知遍寻不着，却找着了一个枕头，这个枕头原来是她当初错抱的孩子。忧心如焚的媳妇，百般无奈，只得又再抱着枕头先行回家。回到家里一看，发现孩子正安然地在婆家的床铺上酣睡着。婆家人等闻言，不禁哑然失笑，一旁的叔叔也忍不住地说："嫂嫂，你真是太紧张了！"紧张大嫂的名号，因此不胫而走，就此闻名于世。

像上面这个紧张的例子，在我们平常的生活里，每天也不知道要发生多少起呢！有的人，为了等朋友的信件，精神恍惚，终日不得安宁；有的人为了股票涨落，紧张彷徨，觉得时间漫漫，不知如何度过；更有人为了一件事，急得大汗直流；还有一些人，在忙乱中顾此失彼。所以，不管慌张也好，紧张也罢，总会耽误好事。

人，遇到事情必须冷静思考。因为紧张，说话必有错乱；因为紧张，做事必有误判；因为紧张，身心必会失衡；因为紧张，事理必然不明。慌张误事，岂可不慎！

美丽的世界

世界美不美？世界很美！

你看！山峦巍峨，树木蓊郁，群鸟和鸣，野兽游走。大自然的拥有，充满了无限的生机！你看！海洋蔚蓝，浩瀚无际，旭日晚霞，海天一色。大自然的景致，气象万千，美不胜收。

走在高速公路上，平坦宽大，好不舒畅。行进羊肠小径，弯弯曲曲，别有情致。

乡村里，炊烟袅袅。田野间，牛羊吃草，好一幅美丽的人间画面！社会上，车水马龙，行人来往，社会繁荣，充满了生动的活力。工厂里，机声辘辘；货柜车上，满载着产品，拖往海港，运输他国，好一片经济繁华的景象。

学校里，书声琅琅，歌声昂扬，一片安和乐利的校园，多么叫人向往。家中亲人，早起各自上班，傍晚像鸟儿一样，相继回巢，家人团聚，闲话家常，大家互敬互爱，多么美好的甜蜜家庭啊！

三餐饭菜丰富，感念得来不易。饮食简陋无味，学习佛门"咸有咸的味道，淡有淡的滋味"。受人尊重，我心谦虚。面对世态炎凉，何妨学习禅师的"荣的由他荣，枯的任他枯"。

出外旅行，住观光饭店，觉得仿如天堂；脏乱小屋，感觉能有容身之处，非常难得。好的朋友，视如圣贤，我心尊敬；坏的朋友，引为借鉴，深自警惕。

人生，能有一技之长，有时候书画一幅，有时候田园莳花刈草，平时无事，到公园里散步，或者和朋友通个电话，学习服务人群，对公事多一分热心，何等安忍自在！

听到人家赞美我，感谢别人的好心好意，愧不敢当；听到别人的批评，谢谢他的指教，我心领受。凡事往好处想，世界何其美丽！

其实，不要光只是看到外在的世界美丽，我们应该要建设自己内心美丽绚烂的世界！心美，世界到处都美：眼中所看到的是美景，耳中所听到的是美言，心中所想到的是美事。正如《维摩经》说："心净则国土净"；《华严经》说："心如工画师，能画种种物。"一切诸法，皆由心造，我们能有一颗慈心、善心、好心，最为重要。

美丽的世界，美丽的人生，我们何不来缔造自己内心美好的世界呢？

学习认错

一般政坛里的官员，都有一个共同的缺点，就是"死不认错"。

"死不认错"也是中国人的通病！生活里，即使犯了再大的错误，他总要借故找出许多的理由来掩饰自己的过错。例如，一场会议，约好十点开始，他迟到了半个小时。迟到半个小时就应该认错，可是他不但不肯认错，还要找出种种的理由。诸如：今天路上塞车；我刚要出发又接到一通电话；我要出门时刚好有客人来访；出门时下雨了，我一时找不到雨伞等等。总之，他找出种种的理由，表示迟到是应该的，他并没有错。

但是，在道理上讲个人的理由，并不能获得别人的同情。因为十点开会是大家共同的约定，因此你就必得准时到达才对，否则就要认错。

认错是美德！佛教有一个最好的教育，就是"学习认错"；孔门有所谓"吾日三省吾身"，而佛门可以说时时都在

以随喜代替忌妒，自然事事欢喜；
以随和代替孤傲，自然处处祥和；
以随缘代替执着，自然时时自在；
以随分代替勉强，自然人人交心。

以语言三昧给人欢喜，
以文字般若给人智慧，
以利行无畏给人依靠，
以同事摄受给人信心。

反省认错。

我对父母孝顺不够，就要认错；我对朋友帮助不够，就要认错；我对儿女教育不够，就要认错；我对国家社会奉献不够，我就要认错。甚至在一日之中，今天早上迟起，就必须认错；上班迟到，就必须认错。今日对公事没有办得尽善尽美，就要认错；对家庭照顾不周，就要认错；我受别人的恩惠而没有报答，就要认错；我在人际生活中有一些照顾不周到的地方，让别人对我心生不满，我就要认错；我过分地滥用资源，就要认错。

认错，可以进步；认错，可以增德。认错要会懂得反省，懂得反省认错，才能增加力量。

儒家所谓"过则勿惮改"，所以有过不怕改。唯有勇于认错，勇于改过，才能自我更新。真正的认错，没有很多的理由；懂得认错，不要加以掩饰。所以佛门讲"发露"，能够加以发露忏悔，才更是美德。

人的一生，需要学习的东西很多。例如学习知识，学习技能，学习处人，学习处事，尤其要"学习认错"，这是人生的一大重要课题，有待我们用心学习！

落地生根

　　美国国庆游行的时候，华人在参与游行的队伍中，喊出一句口号，令人非常感动："我是美国人！"

　　很多人移民美国，手持美国护照，身受美国的养老金等福利，但是他说他是中国人。在美国的国家里，你说你是中国人，让美国"国中有国"，他们怎么能够接受呢？所以华人在美国有百万以上的移民，却不能发挥力量，就是因为在美国还要做中国人。既做中国人，为什么又要享受美国公民的权利呢？

　　所以，现在华人也有了觉醒：既来之，则安之！在一家，保一家；在一国，保一国。既然在美国，我们就要有"落地生根"的打算。我是美国人！能够直下承担，这是非常地难能可贵。

　　中国人移居美国，可以称为"美国华人"，但不可以称"中国人"。常听华人见到一些美国老外，就说："外国人来了！"听得懂中国话的美国人幽默地说："喂！谁是外国人啊！"所以有时候谁是本国人？谁是外国人？立场都没有弄清楚，怎么能够在当地受人重视呢?

　　"落地生根"的思想,就是要我们融入当地的社会。华人在各个社区,各自为政,自成集团,对于当地社区的联谊、活动、公益,毫不关心,如此想在美国成为主流社会的分子,还有待大家的努力。因此,希望拿美国护照的人,大家都能勇敢地说:我是美国人。

　　所以,今天大家都是新台湾人,这是千真万确的事实,大家不可以再用省籍的情结来分隔台湾人、大陆人,否则实在是台湾的罪人。

　　人,应该扩大自己的领域,扩大自己的世界,今天整个人类的思想,应该把地球看作是"地球村"。大家要做"地球人",在地球村上,共同和平地生活,彼此携手合作,相互包容。让我们大家一起来共为人类的和谐,好好努力吧!

人生三十岁

有一段"人生三十岁"的寓言，可以发人深省！

在地狱里的审判大会上，犯人赵大，听见阎罗王惊堂一拍，喊道："赵大，你在人间，为人正直，乐善好施，守道有德，信仰因果，让你到人间继续做人，寿命三十岁。"赵大听后，叩头谢恩，站在一旁。

阎罗王又再惊堂一拍："秦二听着，你在人间，自私愚昧，不明真理，邪见执着，懒惰懈怠，着你到人间，做牛做马，给你三十年岁月。"秦二一听，大惊失色，对阎罗王说："做牛做马，拉车犁田，三十年太苦了，我只要十五年就好了。"阎罗王说："还有十五年怎么办呢？"做人的赵大立刻跪下，对阎罗王说："牛的十五年寿命，就给我吧！"阎罗王承认，所以人的寿命从三十岁增加到四十五岁。

阎罗王又再惊堂一拍："孙三，你在世上欺善怕恶，不明因果，一世愚忠，着你到人间做狗，寿命三十岁。"做狗的孙三一听："阎罗王，做狗只能吃剩饭剩菜，每日替人看守门户，还要被人吆喝棒打，太苦了，我只要十五年就够了！"赵大一跪："阎罗王，狗的十五年寿命也给我吧！"人，于是从四十五岁增加到六十岁了。

阎罗王又再惊堂一拍："李四，你在世为人狡猾，不务正业，为非作歹，鱼肉乡民，着你到人间做猴子，寿命三十岁。"猴子李四大惊："阎罗王，猴子住在山中，日晒风吹，饥寒交迫，每餐只以水果作食，还要时时害怕猎人的弓箭，每日恐怖为生，我只要十五岁就够了。"赵大又说："阎罗王，猴子的十五年也给我吧！"所以，人可以活到七十五岁了。

这个故事中，属于人的寿命只有三十岁，所以人生的美好岁月，只有三十年；其他的则是为儿女做牛做马、为儿女吃剩饭剩菜、为儿女倚门望归，甚至为了苟且偷生，日日恐怖死亡。因为，三十岁以后的岁月，本来就是属于牛马、狗儿、猴子的生命啊！

我们在世间，要活出真正的生命来，要有智慧、正直、善良，不能为非作歹，因为人生三十岁，一切都在因果之中啊！

我的最爱

　　有一句话说："只要我欢喜，有什么不可以？"这是一句大错特错的话，误导了多少的青少年，造成了多少年轻人行为偏差，陷入不拔之地！

　　"只要我欢喜"，如果不正当，就是有很多的"不可以"！你欢喜杀人，你可以杀人吗？你欢喜窃盗，你可以窃盗吗？你欢喜抢劫，你可以抢劫吗？你欢喜游荡，你可以游荡吗？你欢喜不孝顺父母，你可以不孝顺父母吗？你欢喜不和睦朋友，你可以不和睦朋友吗？

　　你欢喜的，如果是不道德的，是不仁慈的，是不合法律的，是不合理性的，即使你欢喜，也是不可以。不可以欢喜的，就是不可以，不能因为你唱了歌，说了话，你就可以"只要我欢喜，有什么不可以"，这是毁灭性的语言。

　　我不欢喜的，有时候也不能不做！你不欢喜读书，你能不读书吗？你不欢喜工作，你能不工作吗？你不欢喜勤劳，你能懒怠偷懒吗？你不欢喜诚实，你能谎话连篇吗？

　　不欢喜的，只要是好的、善的，你也要忍耐自己，要去学习欢喜！合理的，你要欢喜；不好的，即使你欢喜，你也要忍耐，不可以欢喜。

　　如果把"只要我欢喜，有什么不可以"，改成"只要我的最爱，是对人有帮助的，对人有利益的，对人有成就的，有什么不可以"，或者改为"只要我的最爱，没有人反对，没有人批评，没有人指责，我为什么不可以欢喜"。

　　世界不是我一个人的世界，社会不是我一个人的社会；大家共有的世界，世人共有的社会，所有的一切，都由不得我个人欢喜不欢喜、最爱不最爱！我的欢喜，也要看别人欢喜不欢喜？我的不欢喜，也要看别人欢喜不欢喜？

　　欢喜，要合乎道德的欢喜；欢喜，要合乎法律的欢喜；欢喜，要合乎大众的欢喜；欢喜，要不违背良心、因果的欢喜。欢喜，要看你正当不正当？最爱，也要看你正当不正当？正当的，才可以欢喜；正当的，才可以作为"我的最爱"！

快餐文化

由于科学的发达、交通电讯便捷，大大缩短了人与人之间的距离，致使在广大无边的空间里，令人有"咫尺天涯"之感。尤其现代人为了争取时间，在无限的时间里更是"分秒必争"，因此发明了许多的"快餐"。快餐已成为现代人类生活的主流。

快餐的发明，现代人为此沾沾自喜，以为一包泡面，只要二分钟，就有美味可口的饮食。其实，成为泡面的前段因缘，不知道要花几个小时，甚至几天的辛苦。我在享受这美食的结果，有想到别人辛苦的因缘吗？一个汉堡，只要花几块钱，唾手可得。然而成为一个汉堡的因缘，是多少的汗水、多少的辛苦，才值你的几块钱，你认为快餐是对你有价值呢？还是没有价值呢？

你要吃粥喝汤，只要铝箔纸一撕，开水一冲，即刻有香喷喷、热腾腾的稀粥清汤供应给你。甚至不只是快速的饮食，现在连衣服也都有纸衣纸裤，穿用之后即可丢弃。

从快餐文化的延伸，我们可以感觉得到，现在整个世界也都快了起来。世界五大洲，过去乘船要一年半载，现在喷气机，朝发夕至；过去一封信函，所谓"家书抵万金"，那是因为几个月才能寄到。现在"限时"、"快递"，甚至电话、计算机、网络等，真是"天涯若比邻"。

一场欧洲的足球赛，透过转播，在世界各个角落观赏，都如同亲临现场观看一样。在台湾的电视台播出的节目，即刻可以传送到世界的家家户户里。现在整个宇宙世间，好像已经没有了时间、空间，因此就有人喊出"三度空间"、"五度空间"。

从古以来，大家都希望"快速"，所以在佛教里才有波斯匿王希望他刚出生的公主能够"立刻长大"的愚痴故事。其实世间没有立刻长大的道理，即使现在有"快餐"的饮食生活，但是人的生命没有"快餐"，不能快速求得。

在佛教里，讲到时间都是过去、现在、未来三世；讲到空间都是此方、他方、十方无量世界；讲到人间，都是胎生、卵生、湿生、化生，也是无量无数。所以"快餐"不管如何快速，等于佛教说："少壮一弹指，六十三刹那"。今后当时间快得不能计算时，也只有以佛教的"一刹那"来计算了。

在空间方面，世界上速度最快的是光、是电，可是人的心念更快，心力"一念三千"，一念"十方国土"，去来迅速。现在人类已经登陆月球，在未来的太空时代，或许也需要用"一念三千"才能计算。

　　所以，世间所有的一切，终究还是都在佛法之中，不管"快餐"如何发展，在无限的时空中，它究竟还是快不过"一刹那"！

行立坐卧

《学佛行仪》里说："行如风，立如松，坐如钟，卧如弓。"人生的"四威仪"不一定学佛的人要如此，其实每个人的生活上，都应该要有此"四威仪"。

我们和人初次见面，但看他的气质和行仪，大致就能知道他的素养与教育程度了。所谓"行仪"，就是指在行立坐卧上所表现的言语动作是否威仪有礼，行止进退之间是否得体有分。

当一个国家要派遣外交人员到其他国家当使臣，必先训练他的外交礼仪，尤其行立坐卧之间，不可失去一国国民应有的教养。

一个家庭里，父母从小就教育儿女，对人要有礼貌，要养成良好的习惯；尤其行立坐卧的规矩，这是做人最初应该学习的一门重要功课。进了学校，老师对学生的教育，不只是知识上的传授，生活上的教育同等重要。所谓生活教育，就是在行立坐卧上应有的礼仪。

现代的青少年教育出现了问题，大都是因为不重视生活教育。例如走路没有走路的样子，甚至坐无坐相，站没站样，睡没睡姿，所以就不像一个人的样子。

在一般人家所豢养的动物，所谓好的猫狗都不会乱走乱睡，好的宠物也都能养成听话的习惯，何况万物之灵的人类？如果没有很好的行仪，怎么能成为人呢？

然而我们现在的社会，经常看到要选中国小姐了，才知道要训练她的礼仪；要选中国先生了，才懂得要他注意仪表。其实，行立坐卧也不只是外表，所谓鹦鹉学叫，总不是人的声音；猴子学样，总不是人的样子。行仪必须诚于衷，才能形于外；行立坐卧必须要从内心的心念、思想，发展到成为习惯，如此表现到行为的外相上来，才能合乎自然。所以，平常的人没有把行立坐卧的威仪教养成为习惯，到了临时，呆女婿去见丈母娘，总会露出马脚的。

过去禅门里，扬眉瞬目都有教育，吃饭睡觉都有佛法。因为久经修行的历练，一举手，一投足，都合乎美的威仪，所以衣食住行是佛法，行立坐卧是佛法。

理学家程颐曾在一次见了佛门排班过堂用斋的庠序队伍后，大叹"三代威仪，尽在此中矣"！此即人间的佛教、生活的佛法，从行立坐卧间，即可嗅到它的芬芳，感受到它的美妙。因此，懂得佛法的人，行立坐卧间，无一不是修行。

一滴水的价值

　　"星星之火可以燎原，涓涓滴水可以穿石"。一滴水，可以渗透土壤，崩塌一座山；一滴水，可以汇聚成流，形成江河大海。

　　一滴水，浇在花草上面，花草受了滴水的滋润，可以吐露芬芳；一滴水，送给焦渴的人，焦渴的人如获甘霖。我们不可以因为滴水的微小而予以轻视，澎湃的江河海洋，都是滴水的汇集；旷野的森林草木，也都是靠着滴水的滋润，它才能生长茂盛。

　　日本有一位禅师，为师父洗脚而盛了一桶水。师父没有用完，他就把它随意一倒，师父呵斥曰："你这么糟蹋万物的价值，一滴水，可以救活生命；一滴水，可以滋润枯渴；一滴水，可以成为海洋；一滴水，可以流于无限。你怎么可以把未用完的半桶水，就那么轻易地牺牲浪费？"听了师父的训诲后，禅师汗流浃背；为了记取师门的教训，从此改名"滴水"，以志不忘。滴水禅师后来终于成为日本家喻户晓的伟大人物。

　　平常我们也常说："滴水之恩，涌泉以报。"这是多么美好的人际关系啊！想到我们在世间，我们所承受外来的恩惠，岂止是"滴水"？可以说，山河大地，万种的恩情都聚集在我的一身。

　　我们的一生，父母的养育之恩，岂是滴水能比；师长的训诲，真是法海深恩。亲戚朋友给我们的关怀鼓励，士农工商供给我们的日常所需。我要散步，左右城镇都有公园；我要走路，到处都是平坦的大道。公共汽车的司机，带我到目的地前去访友；邮务人员的奔波，把我的信函送到远方。想到一通电话传达情谊，电话的工程是多么浩巨；想到一盏灯光的照明，电讯人员翻山越岭、架设电线是多么的辛苦。我要购买东西，商场上应有尽有；我要吃饭，桌上的佳肴，美味可口，令人满意。所谓"一丝一缕，恒念物力维艰；一粥一饭，当思来处不易"。我们所承受来自于亲人眷属、社会大众这么多的点滴因缘，才能安然生存，所以"莫以滴水而可轻，勿以善小而不为"。

　　一滴水，是三千大千世界的力量所积聚；一点小善，也是我的全部心意所成就。我的一点小小心意，一样可以供养给十方法界，供养十方大众。所以"人人为我，我为人人"。滴水之恩，涌泉以报，诚不虚也！

多少不计较

"亲兄弟，明算账"！人，总有计较的心理；尤其"你多我少，我多你少"，彼此相持不下，造成了人与人之间多少的纠纷。

你看，兄弟反目，朋友绝交，不都是因为计较多少吗？一般人认为，分得少是吃亏，分得多是占便宜。

其实，多少不是在于物质的数量，而是在于本身的心量和道德。晚娘怕自己的亲生儿子负重，叫他挑担稻草；对于前妻所生的儿子，则叫他挑担砖块。一阵大风吹来，稻草被吹得无踪无影，而砖块丝毫不少，诚所谓"人算不如天算"。

话说有一户人家，父亲逝世时，留下了十七头牛，遗嘱上写明，三个兄弟分家，其分配的方式是大儿子得二分之一，二儿子得三分之一，小儿子得九分之一。

十七头牛的二分之一或三分之一或九分之一皆非整数，令三个儿子非常苦恼，甚至发生口角，天天吵架都不能解决问题。邻居有一位长者，每天看这三个儿子吵闹不休，就自动将自己仅有的一头牛送给他们，告诉他们说："这一头牛送给你们，你们就好分家了，免得你们为了多少而计较争吵。"十七头牛加上长者的一头，共十八头牛，大儿子应分得的是二分之一，得九头牛；二儿子应分得三分之一，是六头牛；小儿子应得的九分之一，是二头牛。三兄弟所分得的是九头、六头、二头，正好是父亲给他们的十七头牛，一头也不多，一头也不少。但是剩下了隔壁长者的那一头牛，于是三兄弟又把这头牛还给长者。长者丝毫没有损失，反而替三兄弟解决了问题。

自古以来，凡是有德之家，兄弟分家都是互相谦让；凡是无德之家，往往为了争夺财产而兄弟阋墙，骨肉相残。其实，自己所分得为数是多是少，分得多的人，也不见得成功；分得少的人，也不一定会失败。所谓成败，在"多少"之外，必然另有原因。

所以，多少不是在数量上能绝对计算得清楚的，要用道德、心量和人情义理，从不比较、不计较里面，才能圆满解决。

相互体谅

　　人与人之间，最宝贵的，不是一起吃喝，一起玩乐，一起郊游，一起戏闹。人与人之间，要互相体谅、互相信任、互相了解、互相包容，这才是最可贵的情谊。

　　人与人之间的关系，有父母儿女，有丈夫妻子，有长官部属，有亲属朋友。人们之间的各种关系，都要靠"体谅"来维系，如果有任何一方缺乏"相互体谅"的情操，则彼此的关系就会如同火炉上的冰块，不能安全长久。

　　人和人相处，因为有不同的个性，不同的爱好，不同的习惯，不同的想法，很多的不同，如果没有"体谅"的润滑，这许多的不同，如何能融合呢？

　　父母因为自己未能读书识字，寄望儿女能争气，因此尽力栽培，即使典当家财田产，也要供给儿女读书。这是因为父母体谅儿女的前途、儿女未来的成就，因此自己节衣缩食，总是心甘情愿地培育儿女成长。儿女也要体谅父母的苦心，如此才能励志感恩，奋发有为。

妻子在家操持家务，一肩挑起教养儿女的责任，因为她体谅丈夫在外奋斗辛苦；丈夫也要体谅妻子理家的辛劳，不时给予慰问、赞美，能够互相体谅，家庭才能和谐、美满。

现在台湾地区的警察，每日服勤时间长久，所负的任务艰巨又危险，如果没有家人的体谅，他怎能安心做人民的保姆？

出租车司机，从早到晚，大街小巷，红灯绿灯，不但要忍耐塞车的焦急，有时还会受到旅客的抱怨，如果回家再没有家人的嘘寒问暖，如何能有很好的情绪生活？

所以，不管警察也好，出租车司机也好，乃至所有的公教人员、工厂员工，都需要他人的体谅，需要他人给予包容、给予鼓励，才能有再出发的精神。

体谅之道，要能为对方设想，要能彼此互换立场。凡事要有建设性，因为体谅不只是消极地不计较，更要积极地施与欢喜，给予尊重。能够有"人我一如"的想法，有"自他平等"的精神，更能相互体谅。

相互体谅的夫妻，必定相亲相爱；相互体谅的亲子，必定相互感谢；相互体谅的主从，必能彼此扶持。因为有体谅，人间才能有情有义；因为有体谅，生命才能有光有热。如果没有体谅，父母子女都可能反目成仇；如果没有体谅，长官部属都可能势如水火。所以，人与人之间，相互体谅是多么的重要啊！

言行的考察

有一天,蝉、麻雀、蝴蝶、蜜蜂、乌龟,它们聚集在一个花园里,各自述说自己的生活感想。

蝉说:"金风未动依先觉,暗送无常死不知。"

麻雀说:"人为财死,鸟为食亡。"

蝴蝶说:"宁为花下死,做鬼也风流。"

蜜蜂说:"采得百花成蜜后,一年辛苦为谁忙?"

正当大家你一言、我一语地慨叹时,捕鸟的人听到了嘈杂的声音,即刻撒下罗网,把蝉与麻雀、蝴蝶、蜜蜂都一网打尽。旁边的乌龟看到了,把头伸出来,东张西望,幸灾乐祸地说"是非只为多开口。"话音甫落,有个童子张开弹弓,射来一颗石头,正好打中龟头,乌龟痛苦难忍,将头一缩,说道:"烦恼皆因强出头。"

从这一段趣谈,我们就联想到,社会上的工人、商家、农夫、学者、将军、艺人、公务员等,他们也都各有职业,各有自己的人生心得。他们与政府也有如下的一段对话：

工人首先说道："我们不为己利，生产报国。"政府于是下令："这正是工人的职责，你们赶快进入工厂工作吧！"

商人接着发言："我们货真价实，童叟无欺。"政府即刻指示："供应物品，务使货畅其流。"

将军勇气十足地说："我们身先士卒，马革裹尸。"政府大喜："赶快开往前方，为国报效。"

学者慷慨激昂地说："我们鞠躬尽瘁，死而后已。"政府立即给予奖赏："应该如此！"

艺人也跟着表态说："我们声音美色，奉献观众。"政府马上发动艺人："你们赶快参加劳军，做各种表演。"

农夫也不甘示弱，就说："我们播种耕耘，农业救国。"政府听了，赶快呼吁："春耕夏种，正是其时。"

公务员最后说："我们力疾从公，为民公仆。"政府就说："朝九晚五，应当如此。"

由上观察，是一网打尽呢？是中弹而亡呢？是美言之下，甘愿牺牲呢？网捕者，希望手下留情。

恩怨人生

有人问：人与人之间的关系为何？告曰：人与人之间，皆"恩怨人生"而已！

一个家庭，原本都是骨肉至亲，但是为了个人利益，为了财产纷争，彼此恩恩怨怨，错综复杂，这不就是"恩怨家庭"吗？

一个机关，本来都是志同道合，都有共同的奋斗目标。但是为了升迁、名位、利益，彼此计较、比较，搞得恩恩怨怨，这不就是一个"恩怨团体"吗？

一个社会，不是同乡，就是同学，或是同文、同种。可是互相打击、互相残杀、互相攻防、互相斗争得你死我活，这不就是一个"恩怨社会"吗？

世界各个国家，本来都可以和平相处，同体共生，互相帮助，互相友爱。但是第一次世界大战死伤千千万万，第二次世界大战又死伤万万千千，可能还会有第三次、第四次世界大战，这不就是一个"恩怨世界"吗？

从历史上看来，各个朝代，我怨恨你，我就领兵侵略你；你有恩于我，我就对你恩将仇报，搞得人我之间没有是非，没有公理，彼此不能信任。甚至今日你和他联合攻打我，明日我和你联手消灭他，彼此互相征伐，无有了时。

中国从三代以后，春秋五霸、战国七雄、三国纷争、五胡十六国、魏晋南北朝、隋唐五代，甚至近代的军阀割据，这不都是一页充满恩恩怨怨的人类史吗？

其实，人生不必恩怨太分明。恩怨太分明的人生，就一定能成功吗？司马迁说："人有恩于我者，不可忘也；人有怨于我者，不可不知也！"所以我们要能化解怨恨。

佛说"以怨止怨，如扬汤止沸"；能够"以恩止怨"，则无事不办。《诗经》有云："投之以桃，报之以李。"做人要有"滴水之恩，涌泉以报"的美德；凡事能够"不念旧恶"，与人能够没有隔宿的仇恨，则所谓"恩怨人生"，又哪会有什么不可解的怨与恨呢？

难民与移民

现在举世各国，都有"移民"的法案。"移民"已成为现代各个国家的另外一个新问题。

在过去，国家对"移民"全无法律规范，可以说大部分远走异国他乡的，都是流落在外的"难民"。例如，有的人因为受不了本国的环境污染，纷纷到其他国家寻找一块清净的生存空间，因此有人戏称他们是"环保难民"。

有的人，因为在自己的家乡，事业、生活都极为艰难，就做着到其他国家"淘金"的美梦，因此，这就是"经济难民"。

政治的迫害，古今皆有。现代各个国家都设有政治庇护的法律，很多人在感受"苛政猛于虎"的威胁下，纷纷远渡重洋，到其他国家寻求政治庇护，这就是"政治难民"。

尤其，历朝历代连年的战争，致使可怜的黎民百姓为了逃避战乱，东奔西躲，想要寻找一个苟延生命的地方，这就是"战争难民"。

以上这种种的"难民"，现在都有一个好听的名字，不叫"难民"，而叫做"移民"。因居住环境而移民，为求知识学问而移民，也有经商赚钱的"经济移民"、政治理念不同的"政治移民"，更有为了逃避战争的"乱世移民"。

不管"难民"也好，"移民"也罢，总之，都是因为他们的生活环境发生了问题，不得不换个地方居住。人民有居住的自由，这本来无可厚非；但是移民者，大都是因为他感受到自己本国的教育、经济、政治、环境等条件，令他难以长居久安，因此不得不离乡背井，走向异国他乡，这就要请本国的政治领袖好好地反省了。

一个国家，如果政治民主、经济繁荣、教育普及、环保优良，所谓"太平盛世"，可怜的民众又何必要千辛万苦地到其他国家社会去流亡呢？

俗云："金角落，银角落，不如自己的穷角落。"凡是离乡背井的人，尤其是流落他乡，或者长居异国者，总认为是人生最大的悲哀。所谓"天下没有不是的父母"！照说人民也应该都有一个可爱的祖国，但是，我们的祖国可爱吗？

自古以来，我们看到"难民"的辛酸，现在的社会，我们一样看到"移民"的苦难！各个国家的政要啊，你们应该要好好地慈悲发心，好好地建设国家，好好地改善社会，好好地留住你们的国民吧！

忧患意识

现代是个重视教育的时代，多少父母为了儿女的教育，付出辛苦做了种种牺牲。有的举家移民，或是夫妻分居两地，只为了给儿女提供良好的教育环境。现代的家庭教育、学校教育、社会教育，都非常的普及、深入，然而，就是缺乏一分"忧患意识"的教育。

所谓"忧患意识"的教育，就在于一个"防"字。例如"防灾"、"防盗"、"防火"、"防震"、"防骗"等。

现代人的生活中，时时刻刻，随时随地，都要防备万一。例如：出门了，要防备路上塞车；车行路上，要防备有人闯红灯，突如其来地撞上你。妇女夜晚出门，要防范歹徒袭击；搭乘出租车，要防备遇上色狼。甚至出门在外，要随时告诉家人去处，以防失踪了都没有人知道。

平日居家，要防范门户安全；左右邻居要守望相助，尤其冬防时期。如《禅林宝训》说"重门击柝"，以防宵小光顾。平时不要轻易让不认识的人上门，不要随便接听陌生人的电话；家中火烛要随时熄灭，要防范电线走火、瓦斯泄气等。居家要常备医药箱、手电筒、灭火器等，尤其要储粮、储水、储钱，以备不时之需。

平时对于世界局势、国家大事，要随时关心、注意，万一社会不景气，经济萧条，物价波动，或是失业了，怎么办？甚至防范政治的迫害，防范坏人的诬陷。有时中奖了，也要防备歹徒的觊觎；升官了，也要防范小人的嫉妒。防范伴侣外遇；防范儿女交上损友、染上恶习等，都要注意一个"防"字。

建筑房屋要有"防震"、"防风"、"防地层变动"的因应措施；甚至要有逃生的"防火巷"等。人际往来也要"防骗"，防范被陌生人所骗，被朋友、同事、邻居，甚至亲人所骗。所谓"害人之心不可有，防人之心不可无"，防骗最好的方法，就是不贪。

除此，偶尔外出投宿旅店，要注意逃生设备；到餐馆吃饭，要注意饮食卫生等。所谓"天有不测风云，人有旦夕祸福"。我们要建立积极进取的人生观，要有乐观喜悦的性格，要相信人生是充满希望、充满美好、充满得意、充满光明的。我们有一个快乐的人生、欢喜的人生，然而我们也要有"忧患意识"，不能没有防备心，不能没有警觉性。

凡事要防患于未然，所谓"凡事预则立"，有"防"才能有"预"。有"忧患意识"的防御心，这是现实人生应有的积极态度，千万轻忽不得。

平时要烧香

俗语说："平时不烧香，临时抱佛脚。"有的考生平时不用功，到了考试的时候，才加紧开夜车；也有一些做生意的人，平时没有结交善友，不肯与人结缘，到了要做事的时候，才急着到处求人，向人拜托。就是意味着，春天不播种，秋来哪能有收成呢？

话说有一个长工，看到主人拥有一尊金佛，每日礼拜，心中慨叹自己无钱，连想要拜佛都没有机会。有一天，趁着主人不在家，自己悄悄地走到佛像前面礼拜。但事有不巧，被主人看到了，并且厉声责骂他："你有什么资格拜我的金佛？"长工不得已，后来在砍柴的时候利用一根木材，动手刻了一尊佛像，供在自己简陋的住处礼拜。当主人发觉长工的家人来人往，原来大家都到他的家里礼拜木佛。主人非常生气与嫉妒，声言要让金佛与木佛比斗。比赛初时，两佛推挤，势均力敌；但过不了多久，金佛渐屈下风，终于不敌木佛而倒地不起。主人责怪金佛：

"为什么你连木制的佛像都不如？"金佛说："主人呀！你看那一尊木佛，每天有多少的信徒带着供果前往上香礼拜，他受了那么多的香火，自然力气充足。我虽然是金佛，但是你每天都没有礼拜供养，所以我敌不过木佛而不支倒地，这是再自然不过的事了，你有什么好奇怪的呢！"

这虽然是一则笑话，但说明一件事的成败，都有它前面的因缘。你平时用功读书，自然就能金榜题名；你平时勤劳耕种，当然秋冬必定能丰收！你平时结缘助人，必要的时候，别人也会成为你的助缘。甚至即使是佛祖，也要靠平时的烧香供养，有烧香礼拜，即使是木佛，他也能胜过金佛呢！

现在台湾地区的"民主选举"，有的人一呼百应，如果平时没有造福乡里，没有耕耘民意，临时哪里会有选票呢？

也有的人，靠着先人的祖传遗产，不肯勤劳作务，如此每日坐吃山空，怎么能继续富贵呢？

一个人如果希望获得身体健康，平时就要注意运动；如果希望儿女成才，平时就要注意对他的教育；你要社会对你关怀，你就要爱社会。所以，只要你平时积聚资粮，还怕没有助缘吗？只要你平时多烧香，自然也就不怕临时没有感应了！

人生四季

全世界的地理环境，不管南半球或北半球，大部分地区的季节气候，都有春、夏、秋、冬四季的变化。春天和风细雨，夏天花树繁茂，秋天景色萧飒，冬天阳光和煦，一年四季，气象不同，正如人生的少、壮、青、老，各有特色。

唐君毅先生便曾将人生比作四季的气候，他说：青年如春天，壮年如夏天，中年如秋天，老年如冬天。一年四季，各有景象；人生四时，也各有所得，实在是很好的比喻。

不但季节和人生有四个阶段，其实世间的事事物物，都有它的阶段变化。例如"成住坏空"，就是世界的阶段。世界先有因缘而"成"，接着再有年限的"住"持，然后再随着迁流而变"坏"，最后终归于"空"无。但是，空无并不是没有，它又会再有成、住、坏、空，循环不息。

其实，人的身体，也有四个阶段：生、老、病、死。当其"生"时，全家喜气洋洋；当其"老"也，眷属万分挂念；当其

"病"了，自己惊恐担忧；当其"死"后，家人呼天抢地。但是，死亡并不表示人生就此完结，它只是流转，还会再有生、老、病、死。

我们的心念，也是生、住、异、灭，一刻不停。当其心中一念"生"起，种种景象，浮现脑海；当其心念安"住"一境，心不听话，念念不停；当其心念"异"时，千事万有，变化无穷；当其心念"灭"时，等于花儿谢了，待时再开。

所以，世界的四时、四季、四相等阶段，我们是掌控不住。我们所能掌控的是人生的四时，当它届临的时候，我们要好好地把握和运用。

当我们正值青年的春天，正是发芽成长的季节，我们要充实力量，吸收养分，具有仁慈之心，怀抱救世之志；当人生的夏天来临时，正是万物开花结果，我们要用它嘉惠大众，散发生命的热力，成长万物；当秋天的人生来临时，正是我们成熟阶段，就要将自己的所知所得，贡献初学，以一己之生命，所谓秋收的累累果实，供养十方，当人生到了冬天的老年，即以自己一生的成就历史，以一生的事业文化，嘉惠人间，如冬阳之和煦，这不就是万德圆满的人生了吗？

健康与长寿

人人都希望拥有"健康"，并且还要"长寿"。

什么是健康呢？

凡是健全的、正当的、清净的、和谐的，就是健康。例如身体上的健康，这是人人能懂。此外还有心理上的健康，则有待我们反省、注意，才能了知。

身体和心理的健康之外，还有情感上的健康、事业上的健康、财富上的健康、人我关系上的健康、宗教信仰上的健康。所以，一般人即使拥有心理上的健康，若没有以上这许多其他的健康来陪衬身体的生存，那就是人生有了缺陷，并不算是一个健康的人生。

什么是长寿呢？

长寿，不只是肉体上能活到八十岁、一百岁，便叫做"长寿"。"龟鹤延龄"应该是长寿的动物；松柏千年不凋，也是长寿的植物。然而，龟鹤、松柏长寿之后，对人间的贡献究竟有多大呢？所以，除了肉体的寿命久长之外，我们还需要有言教上的长寿、工作上的长寿、名声上的长寿、道德上的长寿、智慧上的长寿、和谐上的长寿。

长寿，如果只是肉体生命的延长，而无言教、工作、道德、智慧、和谐等精神作为生命的内涵，其实长寿也是没有什么价值的。

一般健康的人，被人批评为"四肢发达，头脑简单"，你说，这种健康又有什么价值呢？可见所谓"健康"，必须是身体上、心理上、精神上、事业上等各方面都要健康。例如，感情不健康，即使是身强力壮，也不会幸福；信仰上不健康，所信非法，也不会如意！

说到长寿，就算彭祖活到八百岁，而历史上有他贡献社会的记载吗？可见立功、立德、立言，才是真正的长寿。一如佛教的有慈、有悲、有喜、有舍，才是真正的长寿。

我们要求健康，不如求健全更好；我们要求长寿，不如求无量更好。因为，健康并不代表健全！地痞流氓，专做坏事的人，你说他不健康吗？百岁以上的人瑞、无所事事的耄耋老人，他们不是很长寿吗？可是他们有何益于社会人间呢？

所以，凡是想要健康、长寿的人，对此道理不能不知，不能不注意啊！

乌鸦的声音

有一只乌鸦在飞往他处的路上，遇到了喜鹊。乌鸦对喜鹊诉苦说："这个地方坏透了，人也坏透了，他们看到我飞行，听到我的声音，就批评我，咒骂我，所以现在我要离开这里，我要飞到别的地方去重新过生活！"喜鹊听后说道："乌鸦呀！其实这个世界到处都是一样的，你应该要改一改你的叫声，如果你的声音不改，不管你飞到哪里，其结果都是一样的呀！"

现在的社会，学生时兴换学校、转科系，工商人士经常改行业、换工作；所谓"做一样，嫌一样；做一行，怨一行"。甚至有的人总觉得自己怀才不遇，好像世界上的人都辜负自己、都对不起自己一样，所以有的人要搬家，有的人另找职业，有的人要换新朋友。

其实，"此山望见彼山高，到了彼山没柴烧"，做人不可以好高骛远。一个人想要在社会上安身立命，重要的是能够健全自己，能够充实自己，处处与人为善，尤其经常以温言善语与人结缘，则不管走到哪里，自然都能受到别人的欢迎与器重！

人与人相处，彼此思想的传达、理念的沟通，语言是一个很重要的工具。有的人因为不善于言词，因此自我封闭；有的人因为拙于表达，所以人际关系不和谐。

台湾地区有一句俗谚，把不会说话、经常说错话的人喻为"乌鸦嘴"。意思是不会说好话，经常说话得罪人，或是经常说话给人难堪，甚至把好事说成坏事、好人说成坏人、好话说成坏话，这都是因为自己本身的教养不够。所以，平常有人批评我们，不要完全怨怪别人，应该先要检讨自己，试问我们所说的话是乌鸦的声音吗？

我们每个人都应该如此自问：我是家里的"乌鸦嘴"吗？我是朋友之间的"乌鸦嘴"吗？我是机关团体里的"乌鸦嘴"吗？我是国家社会里的"乌鸦嘴"吗？只要我们能把自己不好听的声音革除，进而把自己的语言变成动听的乐章，把自己的语言变成严冬的太阳，把自己的语言变成芬芳的花香，把自己的语言变成善美的心意。只要我们能把"乌鸦"的声音一改，又何惧不能成为"喜鹊"和"凤凰"呢？

宽厚待人

　　如何待人？这是一门最高的学问，有的人尽其一生都没有学好"待人之道"。

　　为什么呢？主要的是因为人有多种！人有不同的性格，不同的要求，所以做人做事很难"尽如人意"；所谓"顺了姑意，逆了嫂意"，做人难，就难在不能让人人都满意。

　　待人虽有种种不同的方便，但是"待人以宽"则是一条不变的定律。待人能够谦虚、尊重，固然重要；但是宽厚、宽容，更得人缘。有些人待人刻薄、待人严峻，如此想要获得人缘、获得别人的认同，实在难矣！

　　人与人相交，不要看别人待我们如何？而要看我们如何待人！因为，待人以宽，才肯对人信任、对人体贴、对人谅解、对人包容。一切于宽厚中，才能看出我们待人的道德、待人的智慧、待人的用心、待人的艺术。

　　什么叫待人以宽？什么叫待人以严？试举例明之。

甲走在路上，有人指着他的脚上说："你怎么把我的鞋子穿在你的脚上，请你还我！"甲否认，二人争执，大吵不已。

乙走在路上，遇到有人指着他的鞋子，说："你怎么可以穿我的鞋子，请你还给我！"乙一听，便将鞋子脱下来给他。此人后来找到了自己的鞋子，知道错了，便将鞋子还给了乙。乙非常不以为然地说："既然给了你，我就不要了。"

丙走在路上，有人指着他说："你穿错了我的鞋子！"丙微笑着将鞋子脱下来给他。此人后来找到自己的鞋子，便将错认的鞋子还给丙，丙还是满脸微笑地把鞋子收了回来。

从甲、乙、丙三人的处事态度，就可以看出所谓待人以宽、待人不同的艺术了。

宽和地待人，自己也会心平气和、轻松愉快。例如唐朝娄师德的弟弟"唾面自干"，再如春秋时代鲍叔牙之对管仲。反之，一个人如果常常为了一点小事就耿耿于怀，甚至严厉指责别人的不是，如此不但让人望而生畏，不敢亲近你，自己也会因为不得人缘而愁闷苦恼，真是伤人又伤己。

有个故事说：儿子在家乡因为建房子，为了一堵墙和邻居争地，于是写信给在朝为官的父亲，希望父亲出面帮忙讨回公道。父亲接信后，以诗作函回曰："万里投书只为墙，让他三尺有何妨？长城万里今犹在，不见当年秦始皇。"

所以，"宽厚待人"不但是人际相处之道，也是自我做人的根本！

三好的价值

由佛光山提倡的说好话、做好事、存好心，是为三好运动。

佛教讲，罪业的来源，是从身、口、意三业而来；修行用功，也是从身、口、意三业修起。

所谓做好事，是为修身。例如：不杀生、不偷盗、不邪淫、不为非作歹，而能做一些利益于人的善行、懿行、美行、利行，这就是做好事，也就是身行善。

所谓说好话，是为修口。也就是要我们不要妄语、不可两舌、不说绮语、不能恶口。说话要说慈悲的话、明理的话、智慧的话、真实的话。所谓真语者、实语者、如语者、不异语者、不诳语者，是为说好话，也就是口行善。

所谓存好心，是为修心。例如：不要有疑心、嫉心、贪心、瞋心、恶心，而要怀着慈心、悲心、愿心、善心、发心等，是为存好心，也就是意修善。

佛教的三业"身、口、意"，为善、为恶，都是身、口、意；做好、做坏，也是身、口、意。身、口、意为善，可以送我们上升天堂；身、口、意为恶，也可以让我们堕入地狱。

所以，"三好运动"对我们个人的前途，影响至巨。甚至对于整个社会，所谓风气好坏，就看人民身、口、意方向的去从。大家都说好话，耳根清净，社会家庭多么美好；大家都做好事，你帮我，我助你，一片友爱多么珍贵；大众都存好心，处处都有春风、有和平、有尊重。所以，三好运动就是一个净化社会、改善社会风气的运动。一人说好话、做好事、存好心，一人得救；全国人民都能说好话、做好事、存好心，全国的人民就都能得度。

请看《佛光菜根谭》的一段话："说好话，慈悲爱语如冬阳，鼓励赞美，就像百花处处香；做好事，举手之劳功德妙，服务奉献，就像满月高空照；存好心，诚意善缘好运到，心有圣贤，就像良田收成好。"

你会说好话、做好事、存好心吗？就让我们从今天起，大家一起来奉行"三好运动"吧！

听话的艺术

人，在年轻时，听老师讲话，总觉得"话不入耳"；听老年人讲话，总觉得"唠叨不休"；这就是不会听话。甚至信仰宗教，听闻教义"以不懂为好"；或是听前辈讲话，莫不是要人慈悲向善、服务社会，总觉得这些话"与己无关"。对于闻善言而不肯着意，这也是不会听话。

及至进入社会，对于长官的高言谠论，总是你说你的，我做我的，好似"听而不闻"。甚至对于智慧前贤所开示的慧语智言，也是觉得没有什么重要。如此人生，没有一句善言法语灌注到心田里，怎么能开出智慧的花朵呢？所谓"此世间以音声做佛事"，对此等人也，又能奈何呢？

除了这许多不会听、不肯听、不懂听的人之外，也有一些人偏听、误听、谀听、错听，因而造成许多是非、谣言，也是不胜枚举。例如蒋经国在世时曾说，抗战期间，敌军的飞机来轰炸，有人问几架飞机？结果从"是一架"飞机，变成"十一架"飞机，然后又从"就是十一架"飞机，变成"九十一架"飞机。难怪有人说："带东西给人会减少，带话给人会增多。"

所谓听话闻法，必须"如器受于水"，不可以把水盆覆盖起来。意即一个人如果心存贡高我慢，则智语慧言就难以进入他的心中；如果你的心中有了先入为主的偏见、邪见，就像盆中有了杂质，即使再纯净的法水也会被污染；如果你的心如水盆有漏，则即使天降甘露，也会流失。

不会听话又如"种子植于地"，土地太坚硬，种子不能萌芽；田里杂草丛生、荆棘遍地，即使发芽也难以成长茁壮；如果暴露在土表上，种子容易被鸟雀所吃，更是没有机会开花结果。

所以听话的艺术必须具有四点：

第一，善听。就是要会听话，甚至所听到的话，都能往好处想。

第二，兼听。所谓"偏听则暗，兼听则明"。听话要能两面皆听，才不会失去客观、公允。

第三，谛听。就是要用心听、注意听，听后还要用心思考、记忆。

第四，全听。听话不能只听一部分，更不能只听正面，不听反面；只听好话，不听坏话。要能全听才能周全，才不会误事。

佛陀时代，有一个弟子将"生灭法"听成"水潦鹤"，不但荒谬可笑，甚至险些误了自己追求真理之道。听话的艺术，岂能不慎！

任劳任怨

人在世间生活，不能不做事，做事不但讲求能力，讲求机智，尤其要"任劳任怨"。一般人任劳容易，任怨就很难了；能够任劳又任怨，那才是难能可贵啊！

有的人做事很耐劳，起早待晚，从不抱怨辛苦；忍饥忍渴，也不诉说怨尤。为了把事情做好，冒险犯难、牺牲奉献、废寝忘食、殚精竭虑，种种的辛苦，从不计较。

一个家庭主妇，煮饭洗衣、洒扫庭除、花园浇水，尤其生儿育女，推干就湿，用一生的岁月，换来全家的快乐。

一个部属随从，跟随长官领导，不计繁琐，不论晨昏，为主效忠。尽管任务艰巨，前途障碍，一样尽忠职守，不生退心。

农夫在田里耕耘，太阳下的炎热，暴风雨的侵袭，从不畏苦，也不喊累，只要农田的收成良好。工人在工厂上班，增加生产，提高品质，不计加班熬夜，不论待遇菲薄，总是感念老板的知遇之恩，种种辛劳，毫无怨言。

但是，一个人在耐劳之外，假如有怨言，就不容易接受了。而怨言随时随处都能加之于你，所谓"当家三年狗也嫌"，所以，做任何事都难以给人十分的满意。例如，你每日从晨至暮，辛勤地工作，他还是怪你夜晚没有加班；你一再用心改良产品，他还是怪你没有为产品宣传。

又如在一个团体里，你有学问，他说你不会做事；你会做事，他说你没有口才；你有口才，他说你不会外语；你善于外语，他说你没有亲和力；你有亲和力，他说你长相不够庄严。总之，怎么样的辛劳都心甘情愿；一有抱怨，就心不甘情不愿。所以，良言慰语，对一个任劳勤苦的人来说，比加倍给他的薪水，比升他的官位，更重要。

佛经说："不能忍受毁谤、批评、恶骂如饮甘露者，不能名之为有力大人也！"我们在世间做人做事，要能做到没有人怨，这是不可能的。所以凡事只要但求无愧我心，岂能尽如人意？奉劝所有工作者，你们能够任劳，不算有功；能够任怨，才是有力之人。

寒山问拾得："世人秽我、欺我、辱我、轻我、贱我、恶我、骗我，我应该怎么办呢？"

拾得回答："那只有忍他、由他、避他、耐他、敬他，不要理他，过几年你且看他！"

寒山、拾得的这一段对话，或许可以给我们一些激励吧！

调整观念

观念就是看法，一个人只要凡事往好的地方想、往好的地方看，则一切都是好的。甚至只要你欢喜的，你都会把它看成是好的，所谓"情人眼里出西施"。反之，如果是好的，由于他不相信，即使圣人在前，他也会把他当成一个老顽固。所以，人的观念中的"主观"，对一个人的影响实在至为重要。

有人问："天堂地狱在哪里？"天堂地狱当然都在观念里！如果你有满足的观念，虽然居家简陋，亦如天堂；假如没有满足的观念，虽然居家豪华，你也感到如在地狱。所以，观念就是天堂和地狱，天堂和地狱都在我们的观念里。

有人到非洲，看到非洲的人大都赤脚走路，他想，如果前来投资制鞋工厂，生意一定会很好。回来后，寻找合伙人前往实地勘察，哪知有人一看，便说："非洲人都是打赤脚，他们不习惯穿鞋子，来此制鞋，怎么会有人买呢？"因此早早打道回府。

所以，一个观念，可以进，可以退，可以成，可以败！

观念里面有光明，凡事都是光明的；观念里面相信能成功，凡事就都会成功；观念里面有建设，他就能建设而不会去破坏好人好事；观念里面往好处想，一切都是好的。所以人生的观念如花园，可以培植美丽芬芳的花朵；人生的观念如工厂，可以生产许多利济民生的物品；观念里面有希望，可以建设未来许多希望的工程。

观念，有包容的世界，可以建设整个广大无边的法界。但是，有些人的观念里，都是一些悲观、消极的想法，都希望能不劳而获，甚至不重实际，妄想百日升天，如此怎么会有好的人生呢？所以，哭婆和笑婆，只在我们的一念之间。你要成为哭婆，因为你有哭婆的观念；你要成为笑婆，也必须要有笑婆的观念。你不必希望荣华富贵、功名利禄，你只要建设好的、真的、善的、美的观念，所谓观念为因。有好的因，又何惧没有好的果呢？

功成不居

　　世间，有人帮别人打天下，有人帮别人创事业，有人帮别人成名，有人帮别人赚钱，因此就有两种结果：有的人"居功自傲"，有的人"功成不居"。所谓"共患难容易，共富贵难"；但是也有的人"能够共享富贵，却难共度患难"，这就要看大家在成功立业之后，相处的艺术如何了！

　　历史上，多少的英雄好汉，因为不善于"韬光养晦"，往往"功高震主"，最后落得"鸟尽弓藏、兔死狗烹"。例如韩信与文种的悲剧下场。然而也有的人懂得"功成身退"之道，故能"全身远祸"。例如张良、范蠡，他们的人生自然又会有另一番的境界了。

　　自古以来，固然有不少的奸臣孽子，作奸犯上；但是也有不少的帝王因为容不下功臣，造成多少冤狱，不但动摇国本，也为自己的人格留下污点。例如朱元璋的滥杀功臣，这是他性格上的缺点；但是另外像赵匡胤，虽然对功臣心存防范，但是他采取"杯酒释兵权"的温和手段，也算难能可贵的了。

现在的人，常常在一个团体里，因为一直夸耀自己的功劳，不断炫耀自己的贡献，时时卖弄自己的才能。由于过分标榜个人，故而不能升迁，不受信任，不予重用，就不是没有来由的了！

尤其现在的社会，不管政治上、企业界、演艺圈，许多坐轿抬轿的人，由于喜欢夸大、卖弄自己的功绩，故而有的人不能升官，有的人友谊不能保持，此皆是不懂得谦冲，不懂得"功成不居"的艺术，所以世途坎坷、前途艰难，也就不是没有原因的了。

在佛教里，对于一些布施的功德主，都告诉他们应该要"布施无相、无我度生"的道理。所谓"无相布施"，就是不提个人的功劳，不要对方感谢，不计较布施的价值多少？这就是"三轮体空"的道理。所谓"无我度生"，就是不做"我为能度"之人，也没有"你是我所度"之相；能所双亡，才是最高"功成不居"的真理。

例如，佛光山是一个重视团队的道场，注重"集体创作"，标榜"光荣归于佛陀，成就归于大众，利益归于常住，功德归于檀那"，此中实在不无真理在焉！

不求速成

"不求深而肤浅"，这是现代人的通病。现代人崇尚"快餐文化"，凡事只求"速成"，不肯"养深积厚"，因此"难成大器"。正如在山林里培植一棵树木，如果一年就把它砍伐下来，只能当柴火烧；如果三年后砍伐下来，可能用来做桌椅；如果十年以上的树木，就可以作为栋梁。所以，"不求速成"就是要我们能经得起岁月霜雪的熬炼，能够历久，才能更大、更高！

佛经说，有一个愚痴的国王，看到皇后为他生了一个女儿，只有手掌般大小，非常不乐，因此要求大臣设法使他的公主"立刻长大"。聪明的大臣说，要把公主带往海外求取仙药，在求仙期间，国王和公主不可相见。国王认为此法甚妙，欣然应允大臣所求。经过十五年后，大臣带着公主回国，国王一看，公主已长成亭亭玉立的少女，心中大喜，于是下令犒赏大臣。但是，国王哪里懂得，世界上哪里有"立刻长大"的法术呢？

一位驼骠比丘，专职负责替行脚僧挂单，晚间都要打一

佛法说「苦」，目的是要众生「除苦得乐」；
佛法说「空」，目的是要众生「知空识有」。

改心，是自我进步之道；
换性，是自我成长之道；
回头，是自我反省之道；
转身，是自我调适之道。

盏灯笼照路。他为大家服务了三十年以后，夜里带着远来的比丘住宿，再也不需要提灯笼照明了，他的手指自然就能放光照明。

一位香口沙弥，出生之后，因为良好的习惯，三十年不说一句妄言，所以他出言吐语，都有微妙的香气。

驼骠比丘若无三十年的提灯笼为人服务，何能放光？香口沙弥若无三十年的不说妄语，何能芬芳？

现在社会上的青少年，总想一步登天，凡是希望躐等，没有按部就班、循序渐进。不懂"大器晚成"的人，即使速成，也不会耐久！

方便面虽然美味，但不能经常享用；微波炉虽然快速便利，但是热度不能耐久。没有"十载寒窗"，哪能"一举成名"？没有"百年岁月"，哪有"古柏青松"？

所以，人生就像马拉松赛跑，就看谁跑得长、跑得久？唯有耐烦持久，坚持到最后终点的人，才能接受掌声的喝彩，才有机会得到胜利的欢呼！

珍惜人身

"人身难得，佛法难闻"！佛法说：得人身如爪上泥，失人身如大地土。《法华经》比喻，在广阔无边的大海里，一只独眼的乌龟，想要浮上水面，必须靠一根在大海里漂流的木棍。乌龟想要遇到这一根木棍的机会，可说微乎其微。人身难得，就如此喻。

"人身"既然如此难能可贵，我们就应该好好珍惜这个身体。如果不爱惜身体，万一身体病了，全家人都会因你的病痛而受累；如果身体伤残了，家庭社会也要付出许多成本，供你使用。所以，有的人不爱惜身体，甚至用自杀来毁灭身体，简直是罪大恶极。

身体，不应只是用来吃饭、睡觉，如果只是吃饭、睡觉，与衣架、饭桶何异？

身体，如果过分地珍惜它，以致好吃懒做，固然不当；但是不给予保健、休养，也是非法。人的身体，要用来为家庭服务，为父母服劳，为社会奉献。你能把健康的身体，用来做正当的事业，用来贡献国家大众，才能增加人身的价值。

一棵大树，因为它能庇荫路人，就会受人爱护；一座桥梁，因为它能供人行走，就能获得保护。珍惜人身，你能像路边的树荫、你能像河流上的桥梁一样利益于人吗？

有一个有天眼通的人，忽见路旁有一个鬼在鞭打尸体，就趋前问曰："人既已死，何必鞭打他呢？"打者回曰："你有所不知，此人即是我的前生，因为他在世时，杀盗淫妄，为非作歹，害我现在堕落到地狱里受苦。想到这里，如果不鞭打他，实在难消我心头之恨！"

此人再继续向前走了没多久，又见一人在路旁向着一具尸体献花跪拜。此人上前问道："人既已经死了，何必香花叩拜呢？"拜者曰："你有所不知，此人是我前生之身体，当他在世的时候，慈悲利世，恭敬三宝，孝道行慈，造福乡里，因为他，我现在才得以升天，享受天福快乐，为了感谢他，所以我在此礼拜！"

身体之于我们，不但今生的关系密切，甚至还会影响到未来的生生世世，我们怎能不好好地珍惜呢？

学习接受

　　人生自呱呱坠地，最重要的，就是要教他学习礼貌、学习对人的称呼。及长，教他学习技艺、学习知识。其实，更重要的，应该教他学习"接受"。"学习接受"是成功立业的基础。

　　如果你有机会到一个学校参观，你从课堂上，看到学生在上课时剪指甲、削铅笔、开抽屉、翻书本、传纸条、东张西望等，你就知道，他必定没有用心在听老师讲话、指导。如此没有"接受"习惯的青年学子，你要他将来会读书、会考试，能有好的成绩，实在难矣也!

　　所谓"如器受于水"，一个有漏的器具、一个肮脏的器皿，甚至一只覆盖的杯碗，即使再好的东西，又怎么能装得进来呢? 所谓"如地植于种"，你播种在土壤外，被鸟雀给吃了; 你把种子撒在坚硬的地板上，甚至种在长满杂草的荆棘丛中，又怎么能够萌芽、成长呢? 所以，一颗种子没有土壤的"接受"，一杯水没有器皿的"接受"，都是徒劳无功的。就像天降甘露给你，你没有"接受"；再温暖的阳光，但是普照不到你，又能奈何？

因此，一个学生会不会读书，就看他会不会"接受"。幼儿牙牙学语，不断地模仿、学习，必须养成他"接受"的习惯。不但学习接受，而且只要是好的，即使是专制的、委屈的、无理的，都应该接受。因为你在无理、委屈、专制的情况下都能接受，则日后在自由、民主、真理之前怎么会不接受呢？

遗憾的是，现代的青少年不懂得"接受"，对于父母的话，"言者谆谆，听者藐藐"；对于老师的种种教导，即使春风化雨，也不能注入他的心田；因为他不肯"接受"。就如《佛遗教经》里佛陀说："我如良医，应病与药，汝若不服，咎不在医；我如善导，导人善路，汝若不行，过不在导。"

多闻第一的阿难尊者，所以聪明智慧，因为"佛法如大海，流入阿难心"。敏而好学的颜回先生，所以成为孔门的传人，因为他"朝闻道，夕死可矣"！一个人能够接受父母、老师、圣贤的谨言教诲，能以圣贤为模范，心中能够包藏万有，还怕不能成功吗？

所以，对于"接受"，凡是正当的、清净的、善良的、真实的知识、道理、技术，都应该好好地接受。你能接受美好的事理，成为你的传灯，将来才能把好的还给社会。"学习接受"是多么的重要啊！

缺陷美

人生的美好，都是因为长得五体健全，相好圆满，所以才名之为"美"。但是，缺手缺脚、缺眼缺耳，五体不全，五根不具，所谓"缺陷"也能称得上"美"吗？

有缺陷的人，不要伤心失望！世间有残疾的人，比比皆是。爱迪生耳朵聋了，他反而能发明电灯，带给人类光明；海伦·凯勒是一个十不全的女士，她却能成为世界的伟人。

多少耳朵聋的人，头脑更清楚；多少眼睛瞎的人，听觉更敏锐。正常人写字、画画，不足为奇；没有手的人，如口足画家杨恩典，如无臂童加拉格尔参加书法比赛，从十几万人中脱颖而出，他们的成就，更为伟大。

花莲县人蔡耀星，虽然双臂残废，却连续勇夺三届的游泳冠军，人称"无臂蛙王"。罹患类风湿症的刘侠女士，虽然手脚不灵活，却长年写作不断，成为著名的作家。甚至从小在地上爬行的郑丰喜先生，不但读完中兴大学，并且娶得贤德女子吴继钊共组家庭。身高不及七十公分的黄开全、唐翠莲，以及前苏联的连体姊妹玛莎与达莎，他们一样能结婚交友、谈情说爱过了一生。

人，不一定要太圆满、太美丽，所谓"红颜薄命"、"天妒红颜"，太好反而容易遭忌；有缺陷，有时反而能"因祸得福"。所谓"塞翁失马，焉知非福"，佛像缺手断头，虽有缺陷，因为美，故而受到世界各大博物馆的争相珍藏；玫瑰花有刺，刺是玫瑰花的缺陷，但也因而保护了玫瑰花的芬芳美丽，由此可见"缺陷美"的价值。

佛教史上所谓"丑僧俊道"，由于身体不全，容貌不好，反而能真正地安心修道，成就了一生的修道事业。例如玉琳国师，他的前生是个十不全的书记师，因为丑陋，身根不全，反而激发他求道的意志。波斯匿王的丑陋公主，不能随夫外出交际应酬，只在屋中禅净为伴，因而气质改变，容貌也因此日渐庄严。反之，妙贤比丘尼因为美丽，经常受到一些青少年的骚扰，她一直为美丽而悲哀。所以，太美丽，有时也是一种缺陷。

"麝因香味身先死，蚕因丝多命早亡"。参观紫禁城的人，往往羡慕古代皇帝的宫殿高广；其实房子再大，不能自由外出，反不若平民百姓逍遥自在的生活，世界更为宽广。因此，人生如果懂得欣赏"缺陷美"，那就是自我的心中已经圆满了。

挂一单的观念

自古以来的云水僧，所谓"一钵千家饭，孤僧万里游"。但是，云水僧从这间寺院到那间寺院参访，不但要有度牒，要懂得礼仪，而且要经过"挂单"的手续，要得到知客师允许你挂单，才能进入云水堂。

初到云水堂的时候，要经过寮元师的盘问：你叫什么名字，你的资历、师承等。之后，他还会问："你来做什么？"云水僧都要回答："打扰常住挂一单！"

既然来者合乎礼仪，也具有身份，经过挂单以后，你要进禅堂，你就等待考试，因为有进堂的日期；你喜欢念佛，经过批准，你可以到念佛堂里念佛；如果你只是经过本地丛林的参访，云水寮也会为你安排，满足你的愿望。

有的人感谢丛林常住准他挂一单的慈悲恩惠，他也会讨一行单，为你挑柴担水，或者一年到三年；有的为你煮菜做饭，或者一期到两期。甚至有的为你巡山看守丛林，有的为你除草做好环保园艺。总之，他感恩惜福，不会白吃、白住，他会表现一个"挂一单"的云水僧美好的行谊。

虽然说"天下丛林饭似山，钵盂到处任君餐"，但是，自古以来的江湖行道者，都有因果道德的观念，他不会侵犯常住，不会做一个想"游府吃府，游县吃县"的游手好闲人士，总以自己的劳力、时间、心愿，奉献给常住，感谢准他挂一单的情谊。

丛林常住了解了云水僧的学德素养，也会找人出来"留单"。如果云水僧知恩图报，可以陆沉丛林，苦行作务，一住就是数十寒暑；"将此身心奉尘刹，是则名为报佛恩"。

但是也有极少数的人不知天高地厚，以为很容易"挂一单"就可以到处游山玩水；如果经过一家丛林"迁单"，以后各处各地丛林的知客师知道你曾经被迁单，则一生信用扫地，到处碰壁，就也不容易再"挂一单"了。

社会上所讲的权利与义务，所谓"不依规矩，不能成方圆"。"挂一单"成否的因果，你不能不重视喔！

所谓"舆论"

人，喜欢议论他人的长短，大家说多了，就成为"舆论"。

"舆论"也不一定就是公平的！有的人"实事求是"，不重视别人的批评；有的人"制造舆论"，不深究是非好坏。所谓"周公恐惧流言后，王莽谦恭未篡时"，你说，舆论能公平吗？

历史上，多少人为民请命，怀抱救世之心，只因不合当道，腰斩市口，反而成为社会罪人！流氓盗匪，聚众造反，成者为王，万众歌颂，这又是什么样的舆论呢？

世间上有许多人专门"沽名钓誉"，制造假象，却为社会所歌颂；多少人救世行仁，默默行善，却不为时人所知。在社会上经常颁发的奖牌，或是票选的杰出人物，难道都非常公正吗？难道都没有遗珠之憾吗？即使是世界最崇高的诺贝尔奖，也都公平公正吗？为什么中国人换了一个洋名字就能得奖？难道中文的名字就那么没有价值吗？

在我们的社会里，有人文学造诣极好，著书立说，就有人批评说：他没有哲理、思维！有的人哲学造诣极深，大家又说：他的口才不好。口才流利的人，又有人说他不懂外文；中英文皆好，又说他不会做事；做事能干，又再议论他没有学问；所以到了最后，好像整个中国再也找不出一个能者、找不出一个人才了。

中国民间也有一个故事，说明舆论失真过当之处。

话说有父子二人，共乘一驴进城，观者曰："好残忍喔！两个人坐在一头小驴子身上，也不怕驴子负荷过重！"

父亲闻言，赶快下来，让儿子乘坐。见者又说："好没有道理！怎么老人在下面走路，反而是少年舒服地坐在上面？"

儿子一听，马上下来，对父亲说："还是您上去坐吧！"

见者又说："老年人不知道爱护儿童，自己坐在驴子身上，却让孩子走路！"父亲深觉人言可畏，于是下来，二人步行前进。岂料见者又说："这两个人怎么有驴子不坐，而要辛苦地走路？真是傻瓜！"

父子无奈，只得双双把驴子举起，抬着进城！

这就是舆论，合理吗？所以，世间的舆论很难周全、完美。我们凡事只要"但求无愧于心，岂能尽如人意"！因此，对于别人的言论，我们又何必太过介意呢！

孝顺要及时

有一只小青蛙，老是和妈妈唱反调，妈妈叫它往东，它偏要往西；妈妈叫它往西，它偏偏往东。有一天，青蛙妈妈知道自己快要死了，青蛙妈妈喜欢住在山上，不喜欢住在水边。因为小青蛙常和青蛙妈妈唱反调，所以青蛙妈妈交代儿子把它葬在水边。平常不听话的小青蛙突然良心发现，听从妈妈的话，就把青蛙妈妈葬在水边。黄昏时，担心妈妈会寂寞，就在水边呱呱叫；下雨时，担心妈妈被水冲走，也在水边呱呱叫。妈妈在世的时候不听话，死后再来伤心，难过得呱呱叫已经来不及了。

现代的社会，愈来愈不注重孝道伦理了，尤其所谓"代沟"的问题，越发使得现代人的"亲子关系"更为疏远、淡薄。你看，医院里的老人病房与儿童病房里，"孝顺的父母"很多，但是"孝顺的儿女"很少。所谓"久病床前无孝子"，儿女不但平时难得到医院探望父母，更别说在病榻前的关怀、照顾了。

再说，现代父母平时接送儿女上学，日日月月、岁岁年年，无怨无尤；但是儿女偶尔陪父母到医院看病，一次、二次，他就心不甘、情不愿地嫌烦了，好像给了父母天大的恩惠一般。台湾"三代碗"的故事，所谓"记得当初我养儿，我儿今又养孙儿；我儿饿我由他饿，莫叫孙儿饿我儿"。真是可怜天下父母心啊！

在南海普陀山有一个屠夫，是一个不孝子，平时事母极为忤逆。有一天他也跟人到普陀山朝拜，他听说普陀山有活观音，就到处向人询问。有个老和尚告诉他说："活观音已经到你家中去了。"他匆匆赶回家中，母亲跟他说："堂前双亲你不孝，远庙拜佛有何功？"

孝顺父母不要等到百年，在世时就要孝顺。魏晋南北朝时，晋武帝下令要召请李密当太子的老师，但是他说："臣尽节于陛下之日长，报养刘氏之日短也！"这正是说：孝顺父母要及时，千万不要到了"树欲静而风不止，子欲养而亲不待"，岂不是要像小青蛙一样，在水塘边呱呱地叫个不停吗？

超越极限

　　人生像五指一样，希望做大拇指，最大、第一、顶好；做食指，手一指，就是命令、是领导、是指挥；做中指，最长、最中、最粗；做无名指，无名才是真名，无名指才配戴黄金钻石的首饰；做小拇指，小拇指总是想到，只要合掌，就是我和圣贤、长者最为靠近。

　　所以，基本上，人都有挑战极限的渴望。例如：建筑商人要建最高的大楼，工程专家要辟最长的道路，学生要考取最好的学校，甚至人人都想创造金氏纪录，都想成为世界的总冠军。

　　秦始皇建筑万里长城，功劳盖世；亚历山大想要征服世界，雄心万丈；拿破仑希望统一欧洲，建立不朽事业；隋炀帝开凿运河，希望到扬州极尽人生的享乐。

　　世界上的拳击好手，莫不希望击倒拳王阿里；世界上的长跑健将，莫不希望自己是马拉松第一的保持者。甚至许多跳高、跳远的选手，总希望自己跳得最高、跳得最远。最主要的，他们在体育界，总是希望能超越人类体能的极限。

因为向往人生的极限，世界上的首富，建立各种事业王国，希望自己最是富有、最具权威、最大成就、最有贡献。大陆的四岁小童灯娃，游泳横渡长江；"亚洲第一飞人"柯受良，骑摩托车飞越黄河峡口，他们都在超越人生的极限。甚至有人用圆桶飘渡尼加拉瓜大瀑布，有人用直升机环游世界。大家不计生命危险，只为了创造人生的极限，写下历史的第一。

每个人都有无限的潜能，也都希望不断地进步；人人希望追求最好、最美、最高的成就，这就是一种超越极限的本能、欲望。但也有的人安于现状，跟现实妥协，不敢跟自己挑战。

其实，人生最大的极限是智慧，可以"见到因缘，顿悟无生"；人生最大的极限是慈悲，可以"无缘大慈，同体大悲"；人生最大的极限是发心，可以"头目脑髓，供养十方"；人生最大的极限是成佛，可以"了脱生死，圆满人生"。我们学佛修行，就是在向最大的人生极限迈进，也就是向成佛作祖挑战。人人都想挑战人生，超越极限，何信乎来！

最好的礼物

送礼是一门很大的学问，从古至今，人们借着送礼来表达彼此的关怀、感谢与祝福。然而，送礼要能送得适时、适当，才能发挥送礼的价值。有的人送礼不当，造成对方的困扰、不悦，或是彼此的尴尬，反而适得其反，失去了送礼的意义。

不当的送礼，例如，罹患糖尿病的人，你送他一包巧克力，你不能怪病人不吃，而是怪你自己的无知；夫妻结婚，你送一盒"二十世纪水梨"，才刚结婚的夫妻，对与"离"谐音的礼物，心里犯忌，这不能怪他多心，这要怪你不懂人情世故。

过去一般人探病，习惯送鲜花；但是鲜花会造成过敏，甚至传染细菌，因此现在医院大都不赞同送花。

一般人听到别人身体不舒服，往往会热心地介绍偏方、赠送成药或补药。其实，药也不是万能的，药要能应病与药，如果不能对症下药，反而吃出其他的病来，则是后果严重。也有的人赠送奶粉、饼干等，凡是吃的东西，都不是非常的适当。

禅，能洗净纠结不清的意识分别；

禅，能化解顽劣不醒的迷情妄执。

禅如山谷清泉，能带给生命清凉自在。

入世的生活以拥有为快乐，
出世的生活以空无为快乐。
拥有是包袱，是拖累；
空无是无边，是无限。

　　那么，赠送什么才是最好的礼物呢？现代人时兴送书、送礼券、送念珠、代订报章杂志等，这都是很有意义的礼物。我们送礼，一定都是送给亲朋好友，对方收到我们的礼物后，要让他能够真正地受到利益，所以最好的礼物应该是"忠言"。即使是"逆耳忠言"，也要方便地把你的真心表达。

　　什么是最好的礼物呢？"欢喜"是最好的礼物！你就是送红包、送黄金钻石等宝物，如果他不欢喜，也没有意义。所以最好的礼物，就是送给他欢喜。所谓"恭敬不如从命"，你送给他恭敬，接受他的意见，这也是最好的礼物。

　　送礼得宜，可以增进彼此的情谊。夫妻之间最好的礼物，就是彼此忠诚体谅、亲爱互助。父母送给儿女最好的礼物，就是栽培他受教育，培养他健全的人生观，让他习得各种立身处世的技能与知识。儿女送给父母最好的礼物，就是乖巧听话，体贴父母的辛劳，不让父母操心、生气，这都是最好的礼物。

　　一般人习惯在逢年过节、生日、结婚纪念日，或是新居落成、榜上题名、升官发财等特殊喜庆的日子送礼。其实，当一个人遭逢横逆、身心受创、悲伤失意的时候，你能伸出友谊的手，真诚地关心他、安慰他，送给他一些因缘，帮助他解除困难、远离烦恼、提供所需，甚至给他一分祝福，祝他平安、祝他顺利、祝他如愿等。能够雪中送炭，给人一些重新再出发的因缘、力量、知识、技能、方便等，这才是真正最好的礼物。

操之在我

人，对自己的喜怒哀乐，应该"操之在我"；对自己的成败得失，也应该"操之在我"。人生何去何从，应该"操之在我"；成王成寇，成圣成贤，更应该"操之在我"！人，应该自己做自己的主人。

俗语说"没有天生的释迦，没有自然的弥勒"，一切都要靠自己不懈的努力。只要你奋发进取，自然会还给你一个适当的所得。

世间，有人为了他人的一句闲话，自己就忧愁挂念，三餐饭菜也食不下咽；有人因为一点不满意的小事，自己就心情烦闷，晚上觉也睡不安眠。像这样的人生，苦乐都被别人所操纵。要你欢喜，赞美你两句好话；要你烦恼，批评你几句坏话，人生都活在别人的掌握之中，岂不可悲！

相传地狱里的赵判官，奉阎王之命，到人间来告知世人的阳寿还剩多少。

赵判官坐在路边，手拿摇铃，对着告老还乡的甲说："你的寿命只剩下三个月。三个月后我会到你的家中摇铃，只要铃声一响，你就要随我的引导而亡。"

赵判官又再摇铃一声，对着经商路过的乙说道："你的寿命也是只剩三个月，三个月后我会到你府上摇铃，在铃声中，你将随我而亡。"

甲、乙二人闻言，心生恐惧，忐忑不安。从此以后，甲每日忧伤烦恼，想到自己只剩下三个月的寿命，饭也吃不下，觉也睡不好。每天只是看着自己所赚得的钱财发愁，手中不断地数着自己一生辛劳所积聚的财富，不知如何是好！

另一方面，乙一想到自己还剩下三个月的生命，深觉人生苦短，即使拥有万贯家财，于我又有何用？因此他广行布施，到处造桥铺路，随缘济贫救困，如此一忙，竟然忘了自我。

当三个月期限一到，赵判官依约来到甲府，本来已因忧郁烦恼、心神不宁，导致身体衰弱的甲，一看到赵判官，根本铃声都还没响起，他就已经倒地而亡了。然而乙某则因为行善布施，造福乡里，社区感念之余，为表谢意，联手赠送牌匾。一时锣鼓喧天，热闹不已，因此任凭赵判官的铃声再响，乙某均未听见，仍然自在地生活，深感为善最乐。

所以，人生的前途，得失苦乐，一切操之在我，不由他人也！

心病难医

人生，真是百病缠身。身体上的病，从医院里所谓的内科、外科、骨科、精神科、心脏科、泌尿科等各科的名称可知，老病死的毛病实在繁多。此外，心理上还有贪瞋疑嫉、愚痴烦恼等毛病。

身体上的疾病，即使是过去视为绝症的癌症、肺痨、败血病等，以现代医学的进步，医生还是有办法治疗。然而心里的欲望瞋恨、忧悲苦恼，就比较难以疗治了。

现在的心理医师、宗教法语，对于心理病患还是能透过心理咨商，对他们提供有效的帮助。但是，人的各种疾病当中，最难医治的就是我们的我执、无明、精神妄想等毛病，这些心病中的心病，即使是华佗再世，恐怕也会有"束手无策"之感。例如，历史上的"杯弓蛇影"，这就是一种疑心病；又如"百日升天"，这就是一种妄想病；这些疾病都不是一般的医药所能治疗的了。

有一则笑话说：一位患有神经质的病人，总是疑心他的肚子里有一只猫在做窝，真是寝食难安。心理医师与精神科医生百般治疗、辅导，始终无法消除他心里的疑虑。后来医师们商量，只得方便做一次象征性的手术。

手术后，当病人从麻醉中幽幽醒来，医师手抱着一只猫，告诉病人："你肚子里的猫我已经为你取出来了，以后你就不必再担心了！"岂知病人听后，看看医生，又再看看那只猫，满脸愁容地说："医师啊！我肚子里的猫是黑猫，不是这一只白猫啊！"

所以，百病之中，最难治疗的，就是自私、执着、妄想。因为我们的心中有结，心结难以打开；因为我们的心中有恨，恨意难以消除；因为我们的心中有贪，贪欲无法制止；因为我们的心中有门，心门不易开启。所以心中的毛病千奇百怪，治身可以请医师治疗；有了心病，就只得靠自己来医治，否则只有靠佛法了。

我们想要去除执着的毛病，必需要用"无我"的空慧。如《般若心经》所谓"照见五蕴皆空，度一切苦厄"。当"我"也能空，"法"也能空，我、法皆空的时候，百病还能不尽皆消除吗？

骄气与傲骨

　　"骄傲"这两个字，常常是并排而立的名词，意谓"自高自大"，但是拆开来看，意义也不尽相同。所谓"骄"气不可有，"傲"骨不可无，因为骄慢是成功的敌人，傲骨是成功的朋友；骄慢会给人看轻，傲骨则会给人尊重。

　　有的人，仗着一知半解，他就趾高气扬，不可一世；稍稍拥有一些名利，他就志得意满，盛气凌人。因为他的骄气，反而给人鄙视和看轻。另外也有的人尽管贫无立锥之地，但他不乞求人怜，虽然无位无名，但凭着平时的傲骨，反而受人尊重。所以富贵能够不骄慢，贫穷而有傲骨的人，自然处在贫富之中，都能自得其乐了。

　　骄慢之人，人皆不喜。但是，世上偏偏就有一些奴性的人，他不会嫌你骄气，只要你富有，他就会在你的面前对你逢迎拍马。反之有志气的人，他则不屑如此，他宁可跟有傲骨的人结交，彼此肝胆相照，相知相惜，这不也是人生的一大乐事吗！

世间，有多少人因为骄气而失败。例如领兵的将领，所谓"骄兵必败"；又如教书的老师，因为骄气而失去人缘；甚至主管因为骄气失去部下，朋友因为骄气而失去知交。如果能够把"骄气"换成"傲骨"，则不管主管、老师、朋友、兄弟，人人都会以你为荣。

隋炀帝因为骄奢而亡国，夫差因为骄矜而失败，秦始皇骄恣狂妄，曹孟德骄慢自大，历史上从未有人对这些骄气的帝王给予赞美。但是投江而死的屈原、击鼓骂曹的祢衡、不为五斗米折腰的陶潜、不肯走边门的晏子，他们的行谊至今依然为人所称道，此皆因为"骄气"与"傲骨"，让他们活出了截然不同的人生。

人，得意的时候就容易产生骄气，失意的时候便容易丧失志气。人应该在得意的时候去除骄气，失意的时候反而要增加傲骨的志气。所谓"富贵不能淫，贫贱不能移，威武不能屈"也！

骄慢，都是因为有所比较。我与人比之长短，我与人比之高下。所以，有一些人"以己之长比人之短"，越比越骄横我慢。但也有人"以己之短比人之长"，更加激发自己的志气，所以越比越傲然屹立。

其实，骄气不可有，骄矜自大，必有吃亏的一天；傲骨不可无，过分地屈膝奉承，也永远没有抬头之日。所以，我们在贫贱的时候，眼中不可只看到富贵，如此自有傲雪风骨；当得意的时候，要能不忘记贫贱之时，自然不会骄慢不恭。一个人能够"富而不骄矜、贫而有傲骨"，自能活得安然，活得有尊严！

积极的人生观

每一个人都有不同的人生观，有的人乐观，有的人悲观。乐观的人凡事都往好处想，都持乐观的看法；悲观的人凡事都往坏处想，都持悲观的看法。

其实，世界上没有绝对的乐观，也没有绝对的悲观。"心生则种种法生，心灭则种种法灭"。乐观、悲观，当然有外在的因缘，但多数都是自己创造出来的。

有一个国王，出外打猎的时候不幸弄断了一节手指，问身边的大臣该怎么办？大臣带着乐观、轻松的口气说："这是好事！"国王闻言大怒，怪他幸灾乐祸，因此将他关入大牢。一年后，国王再次出外打猎，被土著民族活捉，将他绑上祭坛，准备祭神。巫师突然发现国王少了一截手指，认为这是不完整的祭品，就将国王释放，改以国王随行的大臣献祭。国王庆幸之余，想起了牢中乐观的大臣，他曾经陈说自己断指是好事，就立刻将他释放，并对他无故受了一年的牢狱之灾致歉。这位大臣仍然乐观地说："一年的牢狱之灾也是好事，如果我不是坐牢，试想陪陛下出猎而被送上祭祀台的大臣会是谁呢？"

所以，好事不一定全好，坏事也不一定全坏。佛教讲"无常"，凡事可以变好，凡事也可以变坏。悲观的人永远都是想到自己只剩下百万元而担忧，乐观的人却永远为自己还有一万元而庆幸。

苏东坡在被贬谪到海南岛的时候，岛上的孤寂落寞，与当初的飞黄腾达相比，简直判若两个世界。但苏东坡随后一想，宇宙之间，在孤岛上生活的，也不只是他一人，大地也是海洋中的孤岛，就像一盆水中的小蚂蚁，当它爬上一片树叶，这也是它的孤岛。所以，苏东坡觉得，只要能随遇而安，就会快乐。

苏东坡在岛上，每吃到当地的海产，他就庆幸自己能到海南岛。甚至他想，如果朝中有大臣早他而来，他怎么能独自享受如此的美食呢？所以，凡事往好处想，就会觉得人生快乐无比。

佛教里的出家僧侣，一袭袈裟，一双草履，到处行脚云游。他们可以与乞丐同行，但也可以与君王同坐；看起来孑然一身，但是他拥有法界，与全宇宙的众生同体，这又何来孤独之有呢？

所以，人生没有绝对的苦乐，只要有积极、奋斗的精神，只要凡事肯向好处想，自然能够转苦为乐、转难为易、转危为安。

海伦·凯勒说："面对阳光，你就会看不到阴影。"积极的人生观，就是心里的阳光，此言诚不虚也！

有话要说

社会上有两种人，一种从早到晚喋喋不休，只听他叽哩呱啦说个不停，令人生厌；另有一种人；任何场合都不开口，像个木偶，像个活死人，当然引不起别人对他的注意。

话，说得太多，成为废话，固然不好；有意义的好话，如果不说，失去机会，心意无法表达，对自己也没有益处。因此，话，如果是好话，愈多愈好；如果是废话，少说为妙。

多年来，台湾地区的军人教育一直为人所称道，军中所推行的"讲清楚，说明白"运动，实在是人际沟通的最好办法。

话，应该当说则说，不当说则不说。不实的话，说了以后是"妄语"，真实的话不说，也是"妄语"。

有一个杀人犯，虽然逃过法律的制裁，但眼看着有人因他而遭受冤狱，实在逃不过良心的谴责，只好找牧师告解。牧师在谨守不得将信徒所告解的话诉之他人的规定下，于是找其他的牧师告解，以求心安。接受告解的第二个牧师也有相同的困境，只得再找第三个牧师告解。如此一来，直到被冤枉的代罪犯人临刑前，他对前来主持仪式的牧师喊冤，牧师说：我知道你是被冤枉的，甚至全国的牧师也都知道你是无辜的，但是我们实在不能替你申冤啊！

如此当说而不说，良心何能平安呢？所以，"有话当说"是智者，是勇者；"有话当说而不说"，是愚者，是懦者。我们对于称人之美的好话、给人欢喜的好话、排难解纷的好话、消除是非纠纷的好话，应该多说；即使所说不实，也是用心良苦啊！

自古以来，多少忠肝义胆的大臣，对皇帝冒颜直谏，皇帝要砍他的头，他说："让微臣把话说完，再砍头不迟！"可见有话当说，即使牺牲生命也不受动摇，这种精神是多么可贵啊！

话说有一男士出差，途中遇一卖鸟者，其中有一鸟能说多种语言，男士惊奇非常，随即以高价购买，准备送给妻子作为生日礼物。男士因出差在外，任务未完，便将珍鸟托人先行带回家中给妻子。三日后，男士回到家中，兴奋地问妻子："我托人带回来的小鸟，你收到了吗？"妻子答："有啊！"男士再问："鸟现在放在哪里呢？"妻曰："在烤箱里！"男士一听，大叫一声："它是会说多种语言的珍鸟，你怎么把它烤了呢！"妻子一脸无辜地说："它一声也没吭，我怎么知道它会说话！"

由于当说而不说，因此只有被送进烤箱里。所以，不当说而说，说了没有用；当说而不说，则悔恨终身，可不慎乎！

家教的重要

历史上，有很多名人所以能够功成名就，都要感谢有良好的家教。例如：孟母三迁、岳母教孝，再如王羲之练字、王冕习画，都是因为家庭教育成功，所以终能成为不世之才。

现在的家庭教育，最要紧的是，儿童要养成：

第一，处世的诚信。儿童从小如果养成说谎的习惯，无异为其前途埋伏了危机。所以养成处世的诚信，这才是成功立业的根本。

第二，良好的习惯。从小培养儿童爱好整洁、慈悲护生、随手关灯、关门等良好的习惯。有了良好习惯，何患将来做人不能圆满。

第三，礼貌的品德。儿童从小就要养成他对人尊敬的习惯，甚至不但对长辈要有礼貌，对待任何人都要谦恭有礼。所谓"敬人者人恒敬之"，能够待人以礼，将来自然也能受到别人的尊重。

第四，接受的性格。有的学生不会读书，不会考试，这都是由于上课不能专心聆听，没有接受的习惯。没有接受的性格，犹如器皿覆盖，如何能承受天降甘露？所以从小要养成儿童接受的性格，如此才能学习、进步。

第五，勤劳的美德。"勤有功，戏无益"。儿童的心智未能健全，皆因好游玩，因此应该引导他们读书、工作，养成勤劳的美德。

第六，正常的生活。养成儿童正常的生活，包括三餐起居，以及情绪的正常。生活正常，有益于身心健康，对于将来立身处世，更是关系重大。

除了以上六点以外，尤其要维护儿童的自尊心，不可经常肆意地讽刺他、讥嘲他、责备他、歧视他。例如有的父母常说：我的儿子没有出息，我的小孩不乖，我的女儿好吃好玩等等，因为你任意用语言伤害儿女幼小的心灵，他听到父母一直看不起他，数落他的不是，反而会生起反叛的心理，干脆做个不好不乖的儿女。

所以，父母应该信任儿女、尊重儿女，不要和儿女形成对立。良宽禅师对夜游的沙弥尊重爱护，对花天酒地的侄儿耐心开导，因为他不说破，反而收到更大的效果。可见佛教的同事摄、爱语摄，实在都是最好的家庭教育，更是父母应该学习的课题！

改正缺点

"人非圣贤，孰能无过"？过失就是我们的缺点。"过而能改，善莫大焉"！可见只要能改正缺点，就是善事！

我们从小父母就不断地教我们要改正缺点。例如：不可以随地吐痰，天亮了不可赖床，不可贪吃、贪睡，甚至不要说谎，不要顽皮。到了学校，老师也教我们要改正缺点。例如：讲话不能太大声，走路不可以奔跑，不要打架闹事，不可以吵闹顽皮等。甚至到了社会上就业，长官也叫我们要改正缺点。例如字写得不好看的，要你把字写好；说话不得体的，告诉你语言的礼貌；公文书写不合格，他教你怎么改正；上下联系不如法，他告诉你如何处人处事？总之，"改正缺点"才是人生成功立业的基础。

美国总统富兰克林说，他的一生都在努力改进自己的缺点和改进国家的政策。谈到他如何改正自己缺点的经过，他说，少年时代他是个狂妄的人，有一天，忽然觉得：任性狂妄怎么能成功呢？所以他悟到，要做一个成功的人，一定要先扫除人格上的缺点。他把自己不良的习惯、不受他人欢迎的性格，一一列在墙壁上，例如：好争辩、没礼貌、不守时、无耐性、执着、自私、懒惰、说歪理、不尊重别人、没有宽恕的雅量、好计较等，总计有几十项之多。他立志要革除这许多的缺点和恶习，每天都把这些列在墙壁上的缺点拿来考核自己的言行，一有成效，就把缺点从墙壁上删除。经过一段很长的时间，他果然革除了缺点，养成和蔼可亲的性格，受到广大群众的欢迎，终于当上美国的总统。

当我们在做人处事上，如果经常责怪别人的不是，必定是自己有了缺点，自己有了问题，所以这个时候如果自己聪明的话，应该"反观自省"，用责备别人的心来责备自己，用宽恕自己的心来宽恕别人。一个懂得检讨自己、改正自己的人，必定会是一个到处受人喜爱的人。

俗语说："江山易改，本性难移。"难移并非绝对不能移，因此，只要你有决心、有勇气想要改正缺点，初时虽然很难，但终究并非不能改。所以我们应该有痛下决心"改正缺点"的勇气，如此才有机会成为一个受人尊敬的圣贤完人！

谈判高手

军事上，战况胶着，难分胜负；或者一方落居下风，无力迎战，只有提出讲和，从谈判桌上寻求解决。商场中，同行竞争，为了避免两败俱伤，只有通过谈判，共创商机。

情侣间，出现三角关系；兄弟中，为了争夺家产，在这种情况下，如何谈判呢？

最成功的谈判，应该站在对方的利益着想，如此谈判，才容易成功。因为谈判的双方，中间的鸿沟是由于彼此的立场不同所造成，所以谈判前先要消除双方对立的形势，改以谋求共同的利益为出发点，如此才能消除鸿沟，才能达成共识，才好谈判。

谈判并非指责，谈判虽然要有立场，有时候也难免需要计较，但是谈判也要本着公平、公正的原则。谈判最怕的就是没有法则、没有轨道、不顾情理、不肯为对方设想，如此当然就不能成为谈判高手了。

　　在谈判桌上，如果当事人双方不能求得共识，可以再找公平、公正的有关人士参加。或者可以经过研究后，改日再谈，或者发现对立的问题，找数据、找专人，另外约期再谈。

　　谈判时即使破裂了，或者遭到拒绝，也要有代替的方案。能够留有余地，未来才有周旋的空间。

　　佛世时，频婆娑罗王想要对邻国发动战争，叫雨舍大臣先向佛陀请教得胜的方法。雨舍大臣认为向佛陀提出这种问题，实在为难佛陀；但是王命不能不从，于是勉为其难地应命前往。佛陀看到雨舍大臣到来，请他坐在一旁，佛陀便和阿难尊者谈说"治国七法"，说明仁义、慈悲、教育、提升经济等，这才是胜利。雨舍大臣将佛陀的话转告频婆娑罗王，终于化解了一场战争，所以佛陀是谈判的高手。

　　维摩居士与文殊菩萨谈论什么是不二法门？文殊菩萨说："于一切法无言无说，无示无识，离诸问答，才是入不二法门。"文殊菩萨说后，回问维摩居士："什么是不二法门？"维摩居士一个沉默，文殊菩萨大为叹服，说："离开语言、离开文字、离开思维，这才是不二法门。"由于他们彼此体谅对方，代替对方讲话，所以他们都是谈判时的最高对手。

　　战国时代，燕、赵、韩、魏、齐、楚、秦，各国分裂、对峙。由于地理关系，秦国位居西陲，苏秦建议六国以"合纵"的策略，作为生存之道；而张仪则游说燕、赵、韩、魏、齐、楚各国分别与秦合作，以"连横"的对策破解。其时，由于"合纵"破解"连横"，由于"连横"分化"合纵"，他们的思想、理路广阔，在当时能以三寸不烂之舌，说动王侯公卿求取富贵，所以在那个时代里，成就了许多的说客，成为谈判高手。

甚至早在苏秦、张仪之前，蔺相如完璧归赵、全身而退；晏子身高不过五尺，却对强楚不亢不卑，他们都是谈判高手。乃至后来三国时代的诸葛亮，在东吴能舌战群儒，主要是他能以东吴强权的利益为先，故能说服满朝文武，为刘玄德取得胜利，更是谈判高手。

二十世纪以来，民国成立前后，几乎没有出过谈判高手。从一八九五年的《马关条约》、一九〇〇年的八国联军之乱，由李鸿章等人斡旋。到了民国成立，袁世凯代表满清和民国谈判，因为他居心叵测，欺国称帝，所以自取灭亡。后来各地军阀割据，就更少有大义凛然的谈判高手诞生了。

及至一九一九年的"五四"运动，在巴黎的会议，一些民国的谈判代表们，莫不丧权辱国，很少能成为谈判高手。

及至后来，只经常听到有人赞叹周恩来是谈判高手，却很少听到国民党的谈判专家。甚至和谈的代表张治中、邵力子等五人到了北京谈判，五位代表干脆都投入到共产党的阵营。

谈判最重要的是要建立在彼此尊重的基础上，不要把自己的利益绷得太紧，要耐心地协调、沟通、舒解，懂得尊重、协调、沟通的人，才够资格谈判。

谈判时，要承认对方好的地方，不要一直攻击、批评，那是无法谈判的；如果真是错误的，自己也应该要谦让。总之，要让彼此双方皆大欢喜，创造双赢的结果，这才是真正的谈判高手。

现代的谈判，大部分都由不得在前方接触的人做主，后面都有一些主导者。因为不知道前方的实际情况，只在后方操纵，有的时候致使谈判越谈越僵，最后只有不欢而散！

佛法的妙义，有时讲空，有时论有，看起来双方是对立的。其实在佛教的谈判高手口中，它可以"空即是有，有即是空"，空有不二。所谓"色即是空，空即是色"，即此之谓也！

提升与沉沦

　　国家要提升，才有前途；不能提升，只有沉沦了。政治自由民主，当然是提升；经济增值成长，当然是提升；社会和谐尊重，当然是提升；做官正直清廉，当然是提升；做人慈悲诚实，当然是提升。新政府和新的领导人如果没有这许多的条件，国家只有沉沦了。

　　国家是如此，我等个人不妨也可问问自己：未来的前途，我们是要提升呢？还是要向下沉沦呢？

　　个人的知识不断地成长进步，这就是提升；个人的品德不断地健全厚实，这就是提升；个人的习性不断地净化善良，这就是提升；个人的言行不断地慈颜爱语，这就是提升；个人的工作不断地勤勉快速，这就是提升；个人的生活不断地清素简朴，这就是提升……否则，那就是沉沦了！

　　社会上、家庭里，多少人孜孜不懈，就是为了提升自己。但也有人自暴自弃、恶性难改，只有沉沦了。

　　许多人为了提升自己，与恶势力奋斗、与恶习惯挣扎、与恶环境周旋，总想要提升自己的形象、提升自己的名望、提升自己的地位、提升自己的人缘。但也有人看不破功名利禄、勘不透人我是非、提不起向上向善的意志、奋不起勇往向前的精神，遇到困难、关卡，只有向下沉沦了。

　　有人说"学如逆水行舟，不进则退"，此即说明，做学问要不断地追求新知、不断地启发智慧、不断地开拓思想，为的是要提升学问。

　　有人说："做人难，人难做，难做人。"所以做人要不断地表现自己的慈悲，不断地奉献自己的力量，不断地给予他人欢喜，以免自我不能提升而向下沉沦。

　　一个人对国家要提升自己的爱国情操，奉公守法，所谓诸葛先生的"鞠躬尽瘁，死而后已"。一个人对家庭要提升上慈下孝的美德，给予老有所养，幼有所教，以尽人伦之责。所以，我们在国家社会之中，要不断地提升，千万不能沉沦。

　　佛教里，有情众生有"十法界"之说。在人之上有佛、菩萨、缘觉、声闻、天等，在人之下有修罗、地狱、饿鬼、畜生。人居枢纽，有戒定慧就能向上提升，有贪瞋痴就会向下沉沦。聪明的读者，你是要提升自己呢？还是要沉沦自己呢？

欺善怕恶

　　世间的人，有善人、有恶人；世间的事，有好事、有坏事。善人做好事，容易被人欺负；恶人做坏事，总能令人畏服。其实，"人善人欺天不欺，人恶人怕天不怕"。偈语亦云："善似青松恶似花，看看眼前不如它。有朝一日遭霜打，只见青松不见花。"

　　善人做好事，虽然被欺负、被压迫、被为难，这只是一时的，最后善人终会胜利，不会被人打倒；恶人做坏事，有人怕他、帮他、随他，这也是一时的，最后恶贯满盈时，即使没有人去打倒恶人，恶人也会自己倒下来。

　　洪自诚先生说："为善之人，如入芝兰之室，不闻其香，但日有所增；为恶之人，如磨刀之石，不见其减，但日有所损。"我们是做幽兰吐露芬芳好呢？还是做锋利的磨刀之石好呢？

　　有的时候，善人做好事却遭遇不幸；有的时候恶人做坏事，却是荣华富贵。其实，所谓"善有善报，恶有恶报；不是不报，时候未到"。因果不能只看一时，例如唐朝的来俊臣，为人作恶多端，虽然风光一时，最后终于自食恶果。难道他就没有因果吗？

有一个寓言故事说：有一恶人过河，因桥被水冲走，便将庙里的木雕神像扛来做桥，垫脚而过。被一位善士所见，不禁直喊："罪过！罪过！怎可如此亵渎神像！"于是赶快把神像送回寺院，并且供以香花、水果。这时神像却开口要求善士添油香，善士质问道："恶人毁坏你，你不责怪他；我保护你，你怎可反而要我添油香呢？"

神像说："因为他是恶人，我何必惹他？因为你是善人，我怎可不叫你做好事呢？"

所以，做好事的人，心里要有准备，更要有正确的认识。因为行善看起来是吃亏，但最后总是会得到好报的。例如"沙弥救蚁"而能延寿，"医生救人"故而促成美满姻缘。再如有人爱狗，故受"家犬报恩"；有人护蛇，也能得到回报。所以，做好事的人不要灰心，因为天理昭彰，善恶好坏，因果必然是丝毫不爽的！

以退为进

读书的人，希望每日进步；经商的人，希望日进斗金。有的人一遇到利益，总想得寸进尺。其实，做人处事应该要以退为进！

有一首诗形容农夫插秧："手把青秧插满田，低头便见水中天。身心清净方为道，退步原来是向前。"有的人为了功名富贵，总是不顾一切地向前争取。有的时候前面是险坑，跌下去会粉身碎骨；有的时候前面是一道墙，撞上去会鼻青脸肿。如果这时候懂得以退为进，转个弯、绕个路，世界还是一样会有其他更宽广的空间，这正是古人所云："退一步想，海阔天空。"

所以，一个人在世界上要想做人处事，必须要能谦恭礼让；一个人要想成功立业，必须要懂得以退为进。引擎利用后退的力量，反而引发更大的动能；空气越经压缩，反而更具爆破的威力；军人作战，有时候要迂回绕道，转弯前进，才能胜利。很多时候，我们要想成就一件事情，必须低头匍匐前进，才能成功。

语云"回头是岸"，就是以退为进的意义。古来的先贤圣杰，从官场利禄之中退居后方，是为了再待机缘。有些能人异士隐居山林，是为了等待圣明仁君。有的人非常重视"韬光养晦"，有的人等待"应世机缘"。有德者、饱学之士都会懂得"进步哪有退步高"。

春秋时候，吴王的三子季札，因为贤能，父王要传位于他，而他谦让说，上有长兄，应该由长兄继位。长兄去世以后，因其贤能，国中大臣又再举荐他为王，他说还有次兄；次兄去世以后，全国人民又一致推举，希望他能出来领导全国。他说"父死子继"，应该由故世先王之子继任王位，故而仍然退而不就，所以后来在历史上留下贤能之名。可见退让不是没有未来，退让之后往往在另一方面更有所得。

三国时代，刘玄德知道太子刘禅无能，要诸葛孔明取而代之，但因诸葛亮谦让，反而在历史上留下忠臣之名。周公辅佐成王，虽是长辈，一直以臣下自居，所以能成就周公的圣名美誉。此皆证明，退让不是牺牲，所谓"失之东隅，收之桑榆"，有时以退为进，更能成功。

以退为进，是人生处世的最高哲理。人生追求的是圆满自在，如果只知前进不懂后退的人生，它的世界只有一半。因此，懂得"以退为进"的哲理，可以将我们的人生提升到拥有全面的世界。"以退为进"，何乐而不为呢？

名与利

火车站前，公共汽车里，甚至海上的行船，空中的飞机，每天人来人往，万千的行人当中，当然有的人是为了行善服务，也有人是为了讲学说教。利他为人者固然有之，但是多数人都是为了自己的"名利"二字。

名，不是不好；利，也不是不可。所谓名，应该要求善名、好名；所谓利，应该要求善利、净利。如果"求名反辱"，或是为利而造下恶缘，那就划不来了。

多年前，在佛光山曾为了服务来山参访的善信，不惜以高薪雇请一位老婆婆负责清扫厕所。然而老婆婆每遇有人如厕，都要向人收取新台币二元；虽然常住一再表明，既已接受薪津，请她不要再向人收费。但是老婆婆说，不收取二元，坐着看守，实在太无聊了，她不愿意再继续工作。可见得有人好名，有人好利。名利可以慰藉寂寥，实在不无道理。

所谓名，三代之前唯恐好名，三代以后唯恐不好名。真正好名者，忠孝节义、慈悲喜舍，皆为善名。若能服务社会、贡献人群，则必能更加为人所歌颂。只是，世间有的人只好虚名、只重假名，甚至不顾身后被人批评的恶名，这就绝非智者所当为了。

所谓利，将本求利、与人共利、谋取衣食之利，都无可厚非。如果诈取非利，或者因利害义，导致身败名裂，则就得不偿失了！

世间最宝贵的，不是金钱名利，比金钱名利更重要的，是健康、是欢喜、是满足、是和谐。世界上最宝贵的东西，更不是个人的名与利。战国名将乐毅说"忠臣去国，不洁其名"，可见国家的名声比个人的名誉重要。我们应该把团体的名声、家庭的名声、父母师长的名声、朋友同辈的名声，都看得比自己重要。当别人都有名了，水涨船高，还怕自己没有善名吗？

所以，一个懂得生活的人，一定要像行云流水一样，任运逍遥，自由自在，不要因为名缰利锁而自我束缚、自我设限、自我封闭。一个人名利的欲望愈大，幸福的笑容愈少。一个人名利拥有愈多，生活的压力愈重。有名利，要能与家人亲友共享，要能对国家社会有益。有名利，要能造福人类，要让名利不只是一时的，而能为千秋万世留下历史，那才是真正的名利啊！

坐说立行

"说道一丈，不如行道一尺"！

有的人平时高谈阔论，满腹经纶，说得头头是道，但是没有躬自实践，再多的言论、计划，又有何用呢？

话说有两个人，想到普陀山朝山。甲因为贫穷，说过以后，只有步行去朝山；富有的乙心想，反正有的是时间金钱，等到有空再乘飞机前往。半年后，步行者朝山已归，富有者尚未成行。

因此，一个人想要达到目的，只说不做，永远不能成办。必须透过实际的行动，才能达成目标，所以"坐而说，不如起而行"。

在中国曾经流行几句话说：中国人"只说不做"，德国人"边说边做"，美国人"做了不说"，落后的国家"不说不做"。难怪世界上各个国家有强有弱，从他们的民族性，从他们对言行的关系，就可看出端倪了。因为"言行一致"的人，有言论也有力量实践，则凡事何愁不办呢！

古代的圣贤，早就注意到人间社会的强弱，是进步、是退步，早就有所指示了。佛陀鼓励人要"行解并重"，王阳明鼓励人要"知行合一"，孙中山说"知难行易"，但是大家都不懂得此中的奥妙，大家学会的只是"说而不做"，难怪中国积弱不振，可说其来有自。

有一个年轻人，每天都想着如何"一举成名"，但是从来也不去好好地做事。有一天，遇到大发明家爱迪生，青年赶忙趋前请问爱迪生，如何才能扬名天下？爱迪生知道青年的毛病，不慌不忙地告诉他："等你死后，你很快就会出名了。"

青年不解，问道："为什么一定要等到死后才会出名呢？"

爱迪生诚恳地对他说："因为你一直想要拥有一座高楼，可是从未动手去建，高楼当然不会凭空出现在你眼前。而你如果一辈子都活在空想之中，等你死后，人们就会经常提到你的名字，用以告诫那些只会做白日梦，却不肯动手去做事的人。如此一来，你不就能够达成名扬天下的心愿了吗？"

"说食不能当饱，画饼不能充饥"！我们要想由贫而富，由弱而强，应该要"做说一致"。让我们与其"坐说"，不如进而"立行"吧！

自制的力量

　　一个人的伟大与否，倒不是看他的钱财多少、名位高低，而是看他有没有自制的力量。

　　君子与小人的分别是什么？君子能自制，而小人不能自制。快乐与烦恼从哪里来分别？快乐幸福的人生是由于能自制，烦恼痛苦的人生是由于不能自制。

　　佛教为什么要讲布施？就是要我们对金钱物资要能自制，不要过分贪着。为什么要讲持戒？是要我们在生活上能防非止恶，有自制的力量。为什么要我们忍辱？也是要我们在人事上能克制自己的瞋恚，养成柔和的性格。

　　世间真正有力量的人，就是能自己要求自己，不管在荣华富贵、冤家仇敌之前，都能自制。能自制，生活才能快乐；能自制，人生才能高尚。人类虽然有追求欲望的本能，但是节制欲望也是人类的本能。如果你节制的力量小，不能自我克制，那么你就是人间道德的失败者。如果你要在道德人格中完成自己，你必须把自制的本能发挥出来。如果自己的力量不够，则不妨如儒家所说："君子十目所视，十手所指。"让别人来帮助你自制。

自古圣贤君子，没有一个不是"克己利人"的。佛教中的诸佛菩萨，也没有一个不是从"克己利人"中修学圆满的。

国家的法律不是用来定人罪行的，而是要我们依法、守法来规范自己的行为。佛教的戒律也不是要拘束我们的行为，而是要我们的身心因戒律而获得自由。有了法治和戒律的自制，面临任何诱惑，我们才有力量应付。

在声色货利的前面，我们要能自制；在权利名位的前面，我们要能自制。有自制、忍耐的力量，就不会受爱情美色的诱惑；有自制、忍耐的修养，就不容易瞋恚、暴躁。

所谓"君子不欺暗室"，就是自制的功夫；所谓"佛子不做非法"，就是自制的功夫！玄奘大师"言无名利，行绝虚浮"，就是他在名利的前面能自制；鸠摩罗什要求弟子"但采净莲，莫取污泥"，即是他知道自我的自制。印光大师用"常惭愧僧"来自我自制；太虚大师的"比丘不是佛未成，但愿称我为菩萨"，这是太虚大师的自制。

佛教里的晚课"是日已过，命亦随减"，这是要我们对时间的自制；过堂用斋时"大众闻磬声，各正念"，这是对思想的自制。《佛遗教经》的"如蜂采蜜，但取其味，不损色香"，这是要我们对饮食的自制；《普贤警众偈》的"当勤精进，如救头然"，这是要我们对于懈怠的自制。古德的"衣不重裘，胁不着席"，这是对生活的自制；常不轻菩萨的"我不敢轻视汝等，汝等皆当作佛"，这是对别人人格的尊重、以防伤人的自制。

盘头达多能自制自己不好强，甘愿拜在弟子鸠摩罗什门下，故能留下"大小乘互为师"的美谈。

《三国演义》里，张飞知道自己易怒的性格，在战胜严颜时特地下座礼遇，终于感动严颜心悦诚服地投降。《水浒传》中，黑旋风李逵因为知道自己冲动的脾气，所以一直自制，听大哥宋江的指示，因此也能跟随宋江出入各种的场合。

古今的名人在墙壁上悬挂对联，或者在案桌边书写座右铭，都是为了自我自制。我们要用忍耐来自制，我们要用智慧来自制，我们要用戒法来自制，我们要用修养来自制。

自制，就是自我克制。因为自己的本性中，多少的爆发力，自己的心性里，多少的贪瞋痴，所以要靠自制力。有了自制力，才能降服其心；有了自制力，才能回归本性！

自制是要求自己性格上的节制，自制不是要求别人如何改变。禅门里的"照顾自己"、"照顾脚下"、"观照自心"、"看清念头"，都是自制。

自制，说时容易，用时很难，所以一般人"讲时似悟，对境生迷"。当境界忤逆不顺的时候，什么是义理人情，什么是是非道理，一概都抛诸脑后，此即由于未能养成自制的功力也！

人，受苦受难的时候比较容易自制；人，受气受恼的时候往往就难以自制了。自制，不是在平时闲居的心情；自制，是面临侮辱、委屈、伤害的时候，能够自我克制、自我化解。尤其处在今日声色犬马的社会，人我利害冲突之中，面临一切横逆的境界，我们更需要自制呀！

综上观之，自制对我们的人格、道德之圆满，其关系可以说不为不重啊！

学习灵巧

人，有好多种，有的人很笨拙，有的人很灵巧。笨拙的人不容易受人欣赏，灵巧的人到处受人喜爱。

灵巧，有时候是与生俱来的。但是有时候靠后天的学习，也能转笨拙为灵巧。灵巧，人人欢喜！即使是家庭里的父母，也欢喜灵巧的儿女，不欢喜笨拙的儿女；就算是学校里的老师，也欢喜灵巧的学生，不欢喜笨拙的学生。

人，当然不欢喜笨拙。人，当然希望自己变得灵巧。但是，灵巧不是靠别人能够给予的，灵巧要靠自己用心学习，别人再怎么爱护你，也没有办法把灵巧送给你。

如何学习灵巧呢？首先，当你接触外境，遇到外缘的时候，要能"快速反应"。当你从事工作，接受任务时，必须要"勤劳主动"。遇有人际往来的活动时，你要"热心参与"。你对别人说话，必须"简洁扼要"，并在适当的时机展现"幽默机智"。处在团体人群之中，要能"风仪潇洒"、"热情洋溢"；对于社会公益，要"热心参与"；遇到困难的时候，能够"思想清明"；如果面对长辈、上司有所咨询，必须"答问机智"。

以上的这一切，可能别人都代替你不得，这都是一部分靠先天的"灵慧善巧"，一半也要靠你后天的努力学习。

有灵巧的人，有时候他"灵机一动"，就能"灵感泉涌"。他做事懂得"灵活运用"，他的思想"灵敏过人"，他的动作"灵通快速"，因此人家总要称赞他"灵气俊秀"。因为他灵巧，故能成就自己的一生。

反之，一个人如果故步自封，把自己局限在框框里，当然灵巧就会受到抑制，凡事就不能"灵通活用"。一个人凡事执着，不懂得"法无定法"，由于成见，当然就不能"灵慧善巧"。做人，要像虚空一样。空，可以成方形，可以成圆形，可以成角形，变化无穷，但总不离本体，那才是灵巧。

一个人做事有原则、有主张，加以灵巧活用，当然很好；但是如果遇到困难，也要能如流水一样，峰回路转，找寻出路。

有求道者问禅师："什么是灵巧？"禅师在倒茶的时候，一直让茶水溢出杯外。求道者曰："水满出来了！"禅师说："满出来了，灵巧放在哪里呢？"

所谓灵巧，要能为人留一点余地；所谓灵巧，要能为人多一分设想；所谓灵巧，要能灵通变化；所谓灵巧，要能自由发挥；所谓灵巧，要有自信，才能主动；所谓灵巧，要能自主，才能随意变化。

　　灵巧的人，一个问题来了，他一定会有第一、第二、第三、第四，甚至有更多的解决方案。灵巧的人，每走到一个地方，他一定会把东、西、南、北的空间、方位，都能了然于心。灵巧的人做事，他能关照到前、后、左、右，面面俱到。灵巧的人处世，他的心中会有你、我、他、人，不会自私。

　　灵巧不是呆板，灵巧不是执着。灵巧的人会观照全局，处事周全。灵巧的人能善解人意，为人设想。凡事只想到自己的人，就是笨拙；凡是能处处体谅别人，就是灵巧。

　　灵巧是要能解决问题，不是增添麻烦；灵巧是要能化繁就简，不是画蛇添足；灵巧是要能成事，不能败事。急智中肯是灵巧，幽默风趣是灵巧，化解问题是灵巧，让人接受是灵巧。

　　禅，就是灵巧；空，就是灵巧；般若，就是灵巧；觉悟，就是灵巧。赵州禅师的"小便去"，就是灵巧；古灵禅师的"有佛不圣"，就是灵巧。《六祖坛经》的"不是风动，不是幡动，是仁者心动"。《楞严经》的"论心不在内、不在外，不在中间"，那都是灵巧。

　　灵巧的人只会给人欢喜、给人利益、给人有所得。灵巧的人即使拒绝别人，也有代替的方法。灵巧的人即使责怪别人，也是温言婉语。

　　灵巧不只是了解自己，还要能了解别人；灵巧不是只会处事，还要明理。能够理事圆融，那才是真正的灵巧。

　　灵巧，是生生不息，给人欢喜；灵巧，是心空无碍，任运逍遥。学习灵巧，没有办法求助于人，唯有打破自己的顽强固执，解除自我心中的框框。心中有我有人、有你有他、有事有物、有天有地、有是有非、有古有今，一切都能运用自如、都能随心通达，这你就有灵巧了。

人生之喻

每一个人从呱呱坠地，到老死辞世，就是人的一生。

人生像什么呢？有许多的譬喻，试列如下：

第一，人生如舞台。舞台上有各种角色：生旦净丑、忠奸善恶，各种人物合力演尽了人生的悲欢离合。但是一旦舞台落幕了，一切都归于空幻。

第二，人生如逆旅。人生就像旅馆，我们暂居世上数十年岁月，一旦离开旅馆，所有一切都不是自己的东西。

第三，人生如梦幻。梦，有美梦、有噩梦；梦中上山下海，周游列国，但是到头来都只是"黄粱一梦"。

第四，人生如浮萍。在水中的浮萍，正如人生在世，漂泊不定、聚散无常，毫无着力之处。

类似这种无常的譬喻，另有：人生如露珠、人生如闪电、人生如流星、人生如花朵，这是说明人生虚幻、空无、无常。这些譬喻似乎把人生说得一点意义也没有，但事实上也不尽然，人生也有积极面的比喻，例如：

第一，人生像太阳。晨起，朝阳在人们的期盼中缓缓升起；黄昏后，又在人们的依恋中悄悄落下。但这并非意味着没有希望，因为明晨太阳又会再度东升，又能温暖人间、普照大地。

第二，人生如战场。战场上有输有赢、有败有胜。失败固然令人沮丧，但当胜利的希望来临时，人生的理念也会有实践的时刻。

第三，人生如大海。大海波澜壮阔，包容万有。大海里，船过不留痕，鱼行不留声。大海给人方便，给人包容。在大海里，我们可以任运悠游。

第四，人生如流水。涓涓细流，穿山越岭，给人滋润。瀑布奔腾，也能为人间写下雄壮的画面。

积极向上的人生譬喻，还有：人生如晴空、人生如诗画、人生如谜语、人生如高山，这些都能为各种人生谱出有意义的篇章。

其实，真正的人生应该是像一盘棋！人可以不下棋，但不能不走人生的棋。人生的棋子走错了，满盘皆输；人生的棋路顺的话，就会成为赢家。

人，要想在"如棋"的人生中成为赢家，必须"理想高、眼光远、心胸宽、脚步稳、无私无我"，如此才能看清全盘，才能无碍地走完人生的这一盘棋。

放光的意义

　　在佛教里，不管你到哪里讲经说法，总有人跟你讲："谢谢你来放光，谢谢你来开示！"把"说法"比喻为"放光"，这实在是非常的有意义！

　　在佛世时，佛陀每次讲经之前，都必定要"放光"，这可以从《华严经》等大乘经典中知道。甚至有些经典的名称，干脆就名为《放光般若经》。

　　在《金刚经》里，开头的经文说："尔时，世尊食时，着衣持钵，入舍卫大城乞食，于其城中，次第乞已，还至本处。饭食讫，收衣钵，洗足已，敷座而坐……"这一段经文都是说明佛陀在放光："着衣持钵"，是手上放光；"入舍卫大城乞食"说明佛陀从路上经过，让每个人都可以看到，这是眼中放光；"饭食讫"，这是口中放光；"洗足已"，这是脚上放光；"敷座而坐"，这是通身放光；甚至"尔时世尊"，这是说佛陀时时刻刻都在放着般若之光。可以说，佛陀的行住坐卧，都在放着真理之光。

　　"放光"本来是一件很有意义的美事，但是几年前台湾社会为了有人"冒充放光"的事件，可以说很多人"谈光色变"，认为妄言放光，恶性重大。确实如此，若无慈悲道德、智慧般若，何能放光？

　　其实，避开放光的事件不谈，我们和佛陀一样，每日也都不断地在放光。例如：口说善良的语言、口说赞美的好话，这不是口中在放光吗？观看人世，以慈眼垂视众生，以慧目观照一切社会，这不就是眼睛在放光吗？耳中注意听闻佛法、听闻歌颂佛德的梵呗，这不是耳朵在放光吗？满脸的笑容、满面的慈祥，这不就是面容在放光吗？心中的慈悲、菩提、道念，这不就是心中在放光吗？身体的端正，行立坐卧的威仪安祥，这不就是通身在放光吗？

　　人，如果到了无光可放，就如同"黑漆皮灯笼"，心灯不亮，那还算是个人吗？所以，我们不要只是注意外面的阳光、电光、灯光、火光，更不要去在意邪魔外道的不正之暗光与假光，最重要的是，注意我们自己的"光"在哪里？我们的眼、耳、鼻、舌、身都能放光吗？尤其我们的"心"能够"放光"吗？如果能够把我们心里的灯光点亮起来，把每个人的真如自性、般若真理的心光点亮，心中能够放光，这才是最重要的！

尊重专业

　　现代的社会，愈来愈懂得要"尊重专业"。例如行医济世的人，需要就读医学院；想要兴校办学的人，必须研究教育。此外，修理水电、修理马达、修理冰箱、修理冷气，甚至厨师的行业里，不管中餐、西餐，各种餐饮业虽然分类很多，但都各有专业领域。

　　过去的社会，想要建一栋房子，只要找一个工人，他会从设计、绘图、土木、泥水等工作，全部一手包办。但是到了现在，不但建筑业里瓦有瓦工，砖有砖匠，木材、钢筋、水泥等，各个环节都有专业人才职司工作。即使是从事艺术绘画的人，花鸟风景、虫鱼动物、人体画像等，也都各有专业的艺术家。现在已经进入到一个"尊重专业"的社会了，一手包办的职业已经慢慢被时代所淘汰。能够"尊重专业"，社会建设才会更进步，社会发展才能更和谐。

　　话说有一个船夫，在激流中驾驶小船，船上坐着一位哲学家。哲学家问船夫："你懂得历史吗？"

船夫回答说："不懂。"

哲学家给予批评说："那你已经失去一半的生命了！"

接着又问："你研究过数学吗？"

船夫回答："没有！"

哲学家又批评道："那你就失去一半以上的生命了！"

话刚说完，一阵狂风巨浪把船打翻了，两人落入水中，船夫对哲学家大叫："你会游泳吗？"

哲学家说："不会！"

船夫无限同情地说："那你现在就要失去整个生命了！"

俗云"行行皆通，行行稀松"，想想也是的。一个人的生命数十寒暑，哪里能学得了世间那么多的专长、职业呢？所以，每个人只有就自己的兴趣、需要，来加以"一门深入"了。因此，各行各业的领导人应该"尊重专业"，不要要求个个都是通才。也希望天下的父母，对于子女的要求，只要能有"一技之长"，就非常难能可贵了，不必执着过去陈旧的思想，所谓"又要马儿好，又要马儿不吃草"，对儿女要求"文武全才"，百般武艺样样精通，这实在是不能吻合现代社会的需要了。希望我们的社会，今后人人都能"尊重专业"，这才能迎向时代的潮流与趋势。

以舍为得

"舍得"、"舍得"，以"舍"为"得"！这其中的因、缘、果之关系，如果我们不能了然，就不容易明白"以舍为得"的妙用。

在田地里，没有播种（舍），哪里有收成（得）？对于亲戚朋友，你不先跟他们往来，平时没有送礼致意，怎么能获得他们的回礼相赠呢？

舍，看起来是给人，实际上是给自己：给人一句好话，你才能得到别人也回你一句赞美；给人一个笑容，你才能得到别人也对你"回眸一笑"！"舍"和"得"的关系，就如"因"和"果"，因果是相关的，舍与得也是互动的。能够"舍"的人，一定是拥有富者的心胸。如果他的内心没有感恩、结缘的性格，他怎么肯"舍"给人，怎么能让人有所"得"呢？他的内心充满欢喜，他才能把欢喜给你；他的内心蕴藏着无限的慈悲，他才能把慈悲给你。自己有财，才能舍财；自己有道，才能舍道。

有的人心中只有贪瞋愚痴，他给人的当然也是贪瞋愚痴。所以我们劝人不要把烦恼、愁闷传染给别人，因为"舍"什么，就会"得"什么，这是必然的因果。

中国民间有一个故事，父亲乐善好施，经常给人，却反而家财万贯，可惜他的儿女性情贪吝。等到父亲去世之后，儿子掌权，千方百计地搜刮别人的财富，最后天灾人祸，家遭不幸，反而一无所有。这父子二人，一给一受，其结果得失有如天壤之别，所以"以舍为得"，诚信然也！

舍，在佛教里就是布施的意思！布施，就如尼拘陀树，种一收十、种十收百、种百可以结果千千万万。所以我们在世间，希望长命百岁、荣华富贵、眷属和谐、名誉高尚、身体健康、聪明智慧，先要问：你有播下春时种吗？否则秋天怎么会有收成呢？

"舍"，要能以慈、以利，亦即要能给人善法，要能给人利益。《四十二章经》说："仰天吐唾，唾不至天，还堕己面；逆风扬尘，尘不至彼，还坌己身。"施舍亦如送礼给人，如果我们所送的礼物不恰当，对方不肯接受，那就只有自己收回，所以我们应该要"己所不欲，勿施于人"。

我们喜欢冬阳，因为冬阳给我们光热；我们喜欢大树，因为大树给我们阴凉；我们喜欢儿女，因为儿女给我们孝养；我们喜欢朋友，因为朋友给我们帮助。如果太阳、大树、儿女、朋友都不给我们利益，我们怎么会欢喜他们呢？

平林帷迷圖
仇英六年

戒如清水，能洗涤我们的心地；
定如瓔珞，能庄严我们的身心；
慧如明灯，能照亮我们的前程。

心光则明，心大则广。
心明则清，心空则有；
心有则喜，心德则正；
心慧则智，心量则容。

如果情爱是束缚，你能舍去情爱，自然就会得到自在；如果骄慢是烦恼，你能舍去骄慢，不就能得到清凉了吗？如果妄想是虚妄，你能舍去妄想，不就能得到真实了吗？如果挂碍是痛苦，你能舍去挂碍，不就能得到轻松了吗？所以能舍什么，就能得什么，这是必然的道理。

走路时，不"舍"去后面的一步，便无法跨出向前的一步。作文时，不"舍"去冗长的赘语，便无法成为精简的短文。庭院里的花草树木，如果你"舍"不得剪去枯枝败叶，它就无法长出青嫩的新芽。都市中，如果你"舍"不得破坏简陋的违章建筑，便无法建设市容整齐的现代大都会。

出家僧侣"出家无家处处家"，如果不能割爱"舍"亲，怎么能出家学道？怎么能云游四海、弘法利生呢？古圣先贤"先天下之忧而忧，后天下之乐而乐"，如果不能"舍"己为人，又怎么能名垂千古、留芳青史呢？

佛陀"难行能行，难忍能忍"，因为他能够"割肉喂鹰，舍身饲虎"，所以才能成就佛道；雪山童子为了一句偈语"诸行无常，是生灭法；生灭灭已，寂灭为乐"。因为他能舍身为道，终能如愿得道。

一个人，如果不能舍去陈旧的陋习，如何能更新、进步呢？学佛，就是要"舍迷入悟、舍小获大、舍妄归真、舍虚由实"。所谓"放下屠刀，立地成佛"，放下，就是"舍"，不舍，如何成佛？

总之，以舍为得，妙用无穷。我们要能学习"舍"的性格，金钱物质、知识技能，能将其舍给别人，你必然会得到金钱物质、知识技能。舍给别人好的，会得到好的；舍去性格上坏的，也会得到好的。当我们把烦恼、悲伤、无明、妄想都舍了，自然就会得到人生另外的一番新境界。

打好基础

　　现代的社会,有一个不好的习性,就是不重视"基础工程"。

　　建大楼,大楼的基础不牢靠,所以大楼会倒塌;造桥梁,桥墩的根基不稳固,所以会断桥;筑马路,马路会下陷;做水沟,水沟会阻塞不通!因为"基础工程"别人看不到,只要暴露在外的表相能有所交代,就可以蒙混过去了,这种敷衍的心态养成整个社会虚浮的风气,凡事都不想认真地把基础做好。

　　在学校里读书的人,只希望升级,他没有想到要把学问的基础打好。在社会上做事业的人,也没有想要把基础扎稳。例如基金、厂房、原料、销售的客户等,基础没有做好,所以开业的人纷纷倒闭。青年男女他们谈恋爱,也不重视爱情的基础,都只是注重美丽的外表和动听的语言,彼此只要"一见钟情",就可以决定终身,至于两人之间的习惯、理念、信仰、品德的相投相契与否,就全然不顾了。因为相交的基础不深厚,所以婚姻经常亮起红灯,感情就如同种在沙滩上的花朵,自然禁不起外境的风雨考验了。

目前台湾地区，不讳言的，前景令人担忧，整个社会的结构都非常松散，除非要能"打好基础"。例如，我们的民主，因为没有把民主政治的素养、民主政治的内涵、民主政治的自由伦理，让民众了解、奉行，所以贿选、买票事件，以及辱骂、陷害不断。这样的民主政治，没有扎实良好的基础，怎么会不失败呢？经济、股票、期货、借贷，大家只想投机，贪污舞弊，浑水摸鱼，希望一夕就能成为暴发户，不愿意一板一眼地来经营、来发展，这样的社会怎么会不出问题呢？

台湾地区提倡环保，环保的基础我们做了什么呢？讲环保也并非不能建设；但是建设也不能肆无忌惮地不顾环保。台湾地区提倡保护生态，我们对于生态保护的基础，例如森林、山坡地、水源、河流、公共卫生的维护，以及野生动物的保护、社会建设的安全等，民众都能知道此中的重要吗？

尤其现在危险的是，经济的基础，甚至公共道德的基础、宗教正信的基础，在在都没有人关心，或者没有让民众知晓此中的利弊得失。根本不固，要想枝叶繁茂，岂可得乎！

闻思修

别人说你好，你会很欢喜吗？你可有想一想，他赞美得对不对？别人毁谤你，你就生气吗？你有没有想一想，他的批评毁谤，合理不合理啊！

听到别人讲，或是自己想到了什么事，你有没有好好地思考一下再去实行？虽然人的思想反应要敏锐、迅速，但是过分地不经思考，也会有不当的时候。

有的人，一味地固执自己的想法，不肯听别人的善言。即使听别人说话，也不经思考，所以结果就很难完美了。佛教对于人性的这个陋习，提出建言，所谓要以"闻思修"，才能进入"三摩地"。闻是闻所成慧，思是思所成慧，修是修所成慧。凡是经过闻思修的阶段，才能到达目标。

儒家有谓："学而不思则罔，思而不学则殆。"这也是说明闻思修的重要。

"闻"是听闻，别人讲话，你有谛听吗？你有全听吗？假如听了偏颇的言辞，你会从另外的渠道再兼听吗？

菩萨修二十五圆通，耳根圆通是一个重要的修行。佛法重在多闻熏习，听闻比眼看还重要。太远的东西看不到，很远的声音可以听得到。过去的事情可以听别人讲，但是已经看不到原来的样子。隔壁的人讲话看不到，但是可以听得到。

其实，学习听闻要善听，要会听，所谓"只掌之声"。你能听到"无声之声"，那就是闻所成慧了。

所谓"思所成慧"，就是要正思、善思、净思、细思。凡事要"三思而后行"。世界上有财富的人，很可贵；但是有思想的人，不但可贵，而且更值得尊敬。

世间的哲学家，解释了多少宇宙的问题，都是靠他的思想；多少科学家发明了多少的科技文明，也都是经过思想、实验所成；多少的文学家，文辞优美，思虑周全，也是思想的结果。我们如果能够经常思维、反省、内观，就会思所成慧了。

所谓"修所成慧"，修，就是行持，就是实践。修，有苦修、乐修、真修、内修、共修、自修。衣服破了，要修补才能再穿；房子坏了，要修理才能居住；身心坏了，当然也要修补，才好使用。

万里的路程，只要你起步，何患不能到达？千里的事业，只要你去实践，何患不能成功？修行，能做好人；修心，能够成佛。只要有修，必然有证，这就是修所成慧了。

　　所以，佛教鼓励人要听闻、要思维、要修行，以闻思修，才能入三摩地！

推果寻因

"因果"二字，人人会说；但是"因果"二字的意义，不见得人人能懂，甚至学者教授，也不容易明了。

因为，凡人愚痴，只能认识"果"，不能认识"因"。正是所谓"菩萨畏因，众生畏果"。

人，在制造种种恶"因"的时候，不知道严重；一旦"果"报来临了，才知道大事不妙，却是悔之晚矣！

一般人在遭遇失败的时候，怨天尤人，恨你恨他；他不知道"以果推因"，必定是"因"地不正，才会遭致如此结"果"。例如，甲、乙二人吵架，乙说："甲骂我、打我。"我们一听，会认为打人、骂人的这个结"果"非常恶劣。如果就此处分，不去"推因究底"，可能就是愚痴。因为事实上，甲为什么要打乙、骂乙，可能是乙"因为"花天酒地、杀人放火，其"结果"甲打乙、骂乙，这不是很正常吗？

社会上一般人看事，往往只知其一，不知其二。例如，有的人责怪父母不慈的"结果",但却不知道父母不慈是缘于儿女顽劣的"原因";有的人责怪儿女不孝的"结果",但就不知道"因为"父母失德,才会造成儿女的不孝。所以,凡事不去"推果寻因",又何能知道事实的真相,又何能还给事实一个公平、公道呢?

更有一些不明因果者,经常误解因果。例如素食诵经、慈悲行善的人,为什么遭遇不幸?公正的"因果"何在呢?殊不知你在银行里的欠债未还,不能因为你是好人,你行好事,你就可以不必偿还债务!

相同的,你作恶多端,杀盗淫妄,可是却享尽荣华富贵,因果何在呢?其实,他在银行里拥有存款,你不能因为他作恶,你就不准他使用当初的存款。所以,"因果"者,有过去、现在、未来,三世循环的关系。

当我们看到植物开花结果时,就想到必然有人播种造因;当我们看到有人慈悲为善,就想到将来必然会有美好的结果。

所以,愚痴的人对因果只是会说不会解。真正因果的内涵,实乃宇宙世间善恶好坏的定律啊!

表情的重要

人，是一个有表情的动物。人，有喜怒哀乐，因为有表情，别人就能知道你的心里在想什么。有时候即使不表现出喜怒哀乐，他也会有动作、有语言，一样可以表达出心里的想法。

有些人没有动作，也没有语言，更是面无表情，你说他是死人吧，可是他又有生命；说他是活人吧，又无表情。所谓"讲话不开口，神仙难下手"。对于没有表情、没有声音、没有动作的人，有人形容为"活僵尸"、"活死人"。他的人生，槁木死灰，一点生气也没有，不但自己可惜，连天地万物都在为这种人惋惜呢！

在马戏团里的小丑，演尽各种滑稽的动作，目的是为了博取别人的一笑。你没有表情、没有语言、没有动作，难道你连个小丑都不如吗？甚至幼小的儿童，他也懂得做个可爱的动作，扮个逗趣的鬼脸，以赢得大人的一点欢喜；难道你连幼儿都不如吗？你的顾忌太多，死板板的面孔，好像别人欠了你多少债务，所谓要别人用他的热面孔去贴你的冷屁股，你不觉得太残忍了吗？

现在这个时代，是个有声音的世界，讲话要大声；这个时代是个有彩色的世界，脸上要有笑容，笑容就是彩色；这个时代是个有动作的世界，你要有动作，才表示你是一个活着的人。

在《阿含经》里说到有五种"非人"：一、应该慈悲的时候他不慈悲；二、应该欢喜的时候他不欢喜；三、应该说话的时候他不说话；四、应该感动的时候他不感动；五、应该活跃的时候他不活跃。过去佛陀也经常对这种"非人"感到无可奈何！

我们平时见到一只小猫，它也会对我们咪咪叫。我们见到一只小狗，它也会对着我们摇摇尾巴。根据科学家研究，只要有生机的花草树木，如果你经常对它爱语赞美，它也会活得更茂盛，开得更美丽，它会展现美丽的风姿来回报你。生而为人的我们，怎么能没有表情呢？

一个人有表情是非常重要的，佛陀的表情经常都是显露慈悲的样子；菩萨的表情是非常的热情；罗汉也有表情，他的表情是非常的有智慧；甚至连苦行僧也有表情，他的表情就是发心。

胡适之博士教人写文章，他说：好的文章就是"表情达意"。表情表得好，达意达得好，就是佳作。

　　没有表情的人儿啊！为了你自己的前途，也为了带给你身旁的人一点欢喜，请你稍露一点表情，多讲几句好话，经常做一些动作，可以吗？

转弯与直行

　　人生的道路，有时候要直行才能到达目标，有时候要转弯才能达到目的。遇到转弯的时候你不转弯，这是不懂得"回头是岸"；应该直行的时候你不直行，这是"错失良机"。

　　我们在道路上行走，即使是弯，应该向左弯、向右弯，也不能弯错；即使是直行，也要知道远近快慢，才能安全行进。遗憾的是，人生的道上，在应该直行的时候，有的人偏偏转弯；在应该转弯的时候，他却一径直行，因此增加了人生的许多困难，良可惜也！

　　楚汉之争时，西楚霸王项羽，因为直行的个性，不知转弯，导致兵败身亡。春秋五霸之一的宋襄公，两军对阵时，应该直行他却迟迟不肯发兵，致使功败垂成。宋朝抗金名将岳飞，本来可以直捣黄龙，但是他因为秦桧阻挠而犹豫不前，终不免杀身之祸。

　　文成公主下嫁西藏和番，一路直行，终于建立西藏的政治宗教。鉴真大师七次出航日本，屡遭挫折仍然一路直行，终于成为日本的"文化之父"。唐三藏印度取经，一路直行，终于成功。释迦牟尼佛一心想要成佛，终于达到目的。

　　孔子本来无意做官，但他知道政治的力量有助于推动学术、教育，故而做了鲁国的司寇，可见他是个懂得转弯的人。屈原委身事君，但他个性正直，不肯在政治上妥协，只有投身汨罗江，抱憾而亡。

　　在战场上，有时候要勇敢向前冲锋，有时也要采取迂回战术。开山辟路，想要达到峰顶，必得有九弯十八拐，不经迂回，不能直上。所以现在的南北高速公路以直取胜，南横和东西路段则以弯路有名。

　　所谓"方便有多门，归元无二路"，在人生的路上，只要能达到目的，何必非要执着一条路不可呢？此路已经不通，何不绕行他道呢？就如现在海峡两岸希望直航，在实施之前，必须弯到第三地。直航很好，不能的话，弯到第三地也能成功呀！

　　所以，做人不一定要针锋相对。不计一步，不一定就能胜利，能够见风转舵、峰回路转，人生的前途才能通达无碍、畅行无阻。

观自在的意义

"人人都有观自在,何必他方远处求"?

"观自在"是观世音菩萨的另外一个名号,意思是说,只要你能观照自己,你能认识自己,你就可以自在了!

例如,你观照他人,能够"人我不二",你怎么会不自在呢?你观照境界,不要"心随境转",而能"心能转境",你怎么会不自在呢?你能观事,事情千般万种,我只求简单,如此怎么会不自在呢?我观道理,道理玄妙莫测,我只以平常心论道,又怎么会不自在呢?我能观心,心意千变万化,我只以平常心对之,我又有何不自在的呢?

自在,自在!自在处处求,原来只要我心自在,一切自然就都能自在了!

人生在世,如果有钱而活得不自在,也没有什么乐趣可言。偏偏人在世间,"有"就是有挂碍,就是有烦恼,因此有许多人有金钱"有"得不自在,有家庭"有"得不自在,有爱情"有"得不自在，有名位"有"得不自在。因为"有"，所以不自在。

有权利的政治人物，当遇到棘手的问题时，他搔首弄腮，一副不自在的样子；有钱财的企业家，当金钱周转不灵时，万般苦思，一副不自在的样子。

一个人如果能够拥有世间的财富名位，而又能够自在，当然最好。如果不能，与其"拥有"而不自在，何必拥有那么多呢？人生世间，所图的不就是一个幸福解脱、快乐自在吗？

你看，儿童从小受父母管束，他就觉得不自在；妇女嫁人，受公婆要求，她也觉得非常不自在；服务社会，各种职业，感到不胜任、不能称心，就不能自在了。

所以，人生的意义，能在"自在"中生活，最为成功。

你在人我是非之前能自在吗？你在功名富贵之前能自在吗？

你在生老病死之前能自在吗？你在因缘果报之中能自在吗？

你如果活得不自在，再多的事业，再多的财富，也只是增加负担，增加束缚而已呀！如果能在称、讥、毁、誉、利、衰、苦、乐的"八风"境界里，都能不为所动，自然就能自在解脱了，那个时候，你不就是"观自在"了吗！

人的快乐与否，常在心的一念之间。
故学佛要在「心」地上用功夫，
多往好的、善的、美的、真的、慈悲的方向去追求。

采菊东篱下悠然见南山
丙辰重九一章在石舍作
安老吴慧鋆陶刻

心，是我们的主宰。
心，就是观念。
观念一改，命运随之改变。
一念私心为己，成就有限；
一念发心为人，功德无量。

正与邪

传说，黔娄去世的时候，因为家贫，找不到一条布可以从头到脚完全覆盖起来。于是有人建议，把布斜过来，不就可以遮盖全身了吗？黔娄的妻子说："不行，宁可正而不足，不可斜而有余！"

斜，就是不正；不正，就是邪。所以，一个人的人生观，是正是邪，关系重大。

在佛教里讲到"八正道"，教人要奉行八种正法，就是：

第一，正见：即正确的见解与观念。正见是修行的导师，如行路需要眼目，航海需要罗盘一样。正见又像一部照相机，拍照时必须调好光圈、距离，画面才能清晰美丽而不会走样。

第二，正思：正思就是不贪欲、不瞋恚、不愚痴，远离邪妄贪欲，做真理智慧的思量分别。

第三，正语：即远离一切不慎之语、诽谤之语、傲慢之语、辱骂之语、刻薄之语、花言巧语和虚妄不实之语。

第四，正业：指正当的行为。亦即行为举止正当，身、口、意三业清净，远离杀生、偷盗、邪淫等一切邪妄。

第五，正命：即正当的经济生活和谋生的正当方式。

第六，正勤：正勤就是正精进。精是不杂，进是不退，亦即朝真理的目标勇猛迈进。

第七，正念：就是清净的意念，即不生邪念，忆持正法。

第八，正定：即以正确的禅定集中意志和精神，使散乱的身心住心一境。

"八正道"是人间生活中，人人皆应遵守的道德准则。如果不能奉行"正"道，就会走入"邪"道，这是多么危险啊！

有位沙弥夜归过晚，不得入城，便在城外树下打坐，等待天明。夜深时，来了一个恶鬼，面孔狰狞，要吃沙弥。

沙弥说："我和你无冤无仇，我们相隔很远，你为什么要吃我！"

恶鬼问："你和我为什么相隔很远？"

沙弥说："你吃了我，我是修道的人，会往生西方极乐世界去。你吃了我，你的恶行恶心，一定会堕入地狱，这不就相隔很远了吗？"

恶鬼闻言大悟，知道邪不能胜正，惭愧而去。

法，有正邪之法；人，有正邪之人；事，有正邪之事。我们岂可正邪不分呢？所以，人生不能没有信仰，有信仰就会懂得"正邪之别"，这是非常重要的。

生死泰然

死亡历来是人们忌讳谈论的问题，但是时代的进步，"生死学"已经成为热门的话题。其实，人间最大的问题，一是"生"的问题，二是"死"的问题。

生要居处，死要去处。有的人为生辛苦；有的人为死挂念。佛学就是生死学，例如观世音菩萨"救苦救难"，就是解决你生的问题；阿弥陀佛"接引往生"，就是解决你死的问题。只是因为人有"隔阴之迷"，换了一个身体就不知道前生后世，因此自古以来对生死茫然无知，成为天下最难解决的问题。

其实，人之生也，必定会死；人之死后，还会再生。生生死死，死死生生，如环形的钟表，如圆形的器皿，没有开始，也没有结束。生死只是一个循环而已，如种瓜得瓜，种豆得豆，种也不是开始，收也不是结束，开始中有结束，结束中有开始。

在佛门里，有许多的大德高僧，他们对于死亡的看法，认为生要欢欢喜喜而来，死也要欢欢喜喜而去。因为来来去去、生生死死，无有休止啊！

从历史上看一些禅者，有的田园荷锄而亡；有的自我祭拜而终；有的吹箫奏笛，泛舟而逝；有的东门西门，向亲友告假而去。所谓"来为众生来，去为众生去"，来来去去，根本就不用挂怀。正如衣服破旧了，要换一套新衣；房屋损坏了，要换一间新屋。连老旧的汽车都要淘汰更新，何况人的身体老迈了，怎能不重换一个身体呢？

法国文艺复兴时代的代表人物拉伯雷 (Fransois Rabelais) 说："喜剧已经演完，是该谢幕的时候了！"他对于死亡表现得潇洒自在，毫无依恋。哲人卢梭 (Jean-Jacques Rousseau) 临终时安慰夫人："可别伤心，你看，那边明亮的天空，就是我的去处！"真是自在人生的示范。

死亡不足畏惧，只是死亡以后就像移民一样，你到了另外的国家，你有生存的资本吗？只要你有功德法财，你换一个国土，又何必害怕不能生活呢？

现在社会上有"安乐死"的说法，其实"安乐死"比"痛苦生"还要好很多！快乐人生当然畏惧死后痛苦，如果"生死一如"，又何必"贪生怕死"呢？

佛教净土宗称死亡为"往生"，既是往生，就如同出外旅游，或是搬家乔迁，如此死亡不也是可喜的事吗？所以，死亡只是一个阶段的转换，是一个生命托付另一个身体的开始。因此，死亡不足惧，面对死亡，要顺其自然，要处之泰然！

欲乐与法乐

世间的人，种种的营求，都是为了追求快乐。快乐处处求，大致分为两种：一种是欲乐，一种是法乐。

所谓欲乐，一般说，世间有"五欲"——财、色、名、食、睡。

财——财富人人都想拥有。拥有财富固然可以为人带来快乐，但是"人为财死"，因此，有钱有财有时也会带来许多的灾祸，财富有时也会造成许多的不幸。

色——男女情爱固然可爱，但是"爱河千尺浪，苦海万重波"，爱得不当，往往增加许多无谓的烦恼，造成"欲海狂澜"，不可自拔。

名——善名美誉，人人喜爱。可是"誉之所至，谤亦随之"，爬得高，跌得也重。甚至"盛名之累"，有时候也会带来许多的不幸啊！

食——千奇百味的饮食，固然饱人口腹，但是多吃，肠胃消受不了。所谓"病由口入"，何况很多的罪业，有时候也是由吃所产生的。

睡——睡，本来也是一种享受，但是睡多了，成为懒散，被人讥为"好吃懒做"，自己的前途也难以有很好的开展。

所以，世间的五欲之乐，只能说是一半乐，一半苦，苦乐参半。因为，"欲乐"有染污性、有短暂性、有不确定性，所以一个人种种的辛苦、种种的勤劳所追求到的欲乐，原来里面也有危害健康的毒汁。

自古以来，圣贤都是教诫大家不可以纵欲。佛陀虽然不是完全教诫世人要禁欲，但是，欲需要疏导，欲海波澜，需要导之以正，所以要追求"善法欲"。

"善法欲"就是能带给人"法乐"，所以法乐就是精神上的快乐、真理上的快乐。例如行仁行义，就会为自己带来快乐。又如正知、正见、正念，也会给人带来法喜；甚至读书明理、听经闻法，都会带来法乐。禅坐里面的轻松自在、安详和谐，自是一般的欲乐所不能比；蒲团上的虔敬谦虚，与圣贤接心、交流，其安乐更非世间的欲乐所能比拟。喜舍结缘，更能在大众里得到许多的法乐。

所谓"欲乐不可纵，法乐不可无"。聪明的人儿，在快乐之门里进出，你要哪一种快乐呢？

发心的礼赞

　　人有道德，我们要礼赞他。人有学问，我们要礼赞他。人有能力，我们要礼赞他。其实，人能发心，我们更要礼赞他。

　　古人一直叫人立志，行者一直要人发愿。立志、发愿，就是发心。心一发，则志可立；心一发，则愿可成。

　　发心的力量真是微妙。你发心吃饭，饭菜不但可以吃饱，而且味道更加美妙；你发心睡觉，觉会睡得更加甜蜜、更加安然。只要一发心，所做的事情，品质就都不一样了，正是所谓"平常一样窗前月，才有梅花便不同"。

　　地下肮脏，我发心扫地；厨房纷乱，我发心整理。发心帮你把工作完成，发心助你一臂之力。发心是一本万利的投资，心就好像一亩田，就像一块地。你开发山坡地，山坡地的价值就不一样了；你开发海埔新生地，海埔新生地的价值也非常可观。

　　你在你的心田上开发新的品种，开发农耕的新方法，你田亩的价值就不一样，你福田里的收成就不同凡响。

人，大多心外求法，大都不知道自家里有无限的宝藏。心地、心田开发以后，也是价值无限喔!

你读书留学，要发心;你投资创业，也要发心。你交朋友，不贪取朋友的帮助，可以发心给他的资源，表示你比他有办法。亲属家人，你不希望他给你多少的赏赐，但发心给他的支持，表示你比他富有。

发心的人，表示富有;贪心的人，表示贫穷。

喜舍，我要发心喜舍;守法，我要发心守法;忍耐，我要发心忍耐;勤劳，我要发心勤劳;修养，我要发心修养;知识、智慧，我要发心去追求。

在佛教里，鼓励人要发慈悲心、要发菩提心、要发增上心。省庵大师的《劝发菩提心文》说:"尝闻入道要门，发心为首;修行急务，立愿居先。心发，则佛道堪成;愿立，则众生可度。"

只要发心，何事不办? 心，是我们的宝藏，我们的心里有无限的能源，为什么不来开发我们心里的能源和宝藏呢?

晚食与安步

在《古文观止》里，有一篇文章《颜斶说齐王》，文中，齐宣王要颜斶做官，给他种种的优待。颜斶说："不必！我愿晚食以当肉，安步以当车，无罪以当贵，清净贞正以自虞。"

现在社会上想要当官的人，不知他们懂得"晚食当肉，安步当车"否？诚如颜斶说："玉是出在深山里，做成玉器并不是不好，只是已经失去了璞石的本来风貌；士生长在乡野，推选他出来做官也不是不尊贵，只是读书人的形象和精神就不完美了！"这大概正是陶渊明不肯为五斗米折腰、李密不肯接诏为官的缘故吧！

人心非古！古人重道德、重仁义、重信誉；然而也不是说不重荣华富贵，只是对于比荣华富贵更重要的东西不能不顾。今人利益当前，不管什么名节，什么情义，全都抛诸脑后。晋文公烧山以寻介之推，介之推宁死也不肯出来做官。王参元家遭火灾，韩愈为他祝贺，以为这下他可以出来做官了，而他虽然无家可归，却视功名如敝屣。

禅门里，道楷大师"三诏不赴，七请不出"，后来皇帝生气了，降旨说，再不上京复旨，就要取他的首级。当差的官员好心劝他佯装有病，他说："我没有病。"官员说："你只要声称有病，我就可以回京复命，这就没有事了。"大师说："我本来就没有病，怎么可以装病欺君呢？"古人对名节就是这么的认真。

人，有所为，有所不为。善举好事，虽赴汤蹈火，亦可为也；贪赃枉法，虽万斛千钟，不可为也。

人生的显微，应该要有标准。虽是小人物，贩夫走卒，但他正派有为，自食其力，甚至还有助于人，帝王将相不如也；虽是帝王将相，但作威作福，暴虐无道，名万乘之君，实市井小人也。

今日社会，希望政治人物、企业家，甚至学术界，都能够多出几位如同颜斶这样"人格高尚、气节凛然"的有道之士。如果大家都能"晚食当肉，安步当车"，则何愁社会风气不正乎？

祸兮福兮

人之一生，所有遭遇，有的时候是福，有的时候是祸。总之，人生不是福，就是祸；不是祸，便是福。

所谓"是福不是祸，是祸躲不过"，每一个人莫不希望"求福远祸"。但是，祸福都有缘由，所谓"祸福有因，自作自受"；一切祸福，都是我人造作后的"自食其果"。所以，有的人"福至心灵"，有的人"祸从口出"；有的人"因祸得福"，有的人"祸起萧墙"；有的人"福星高照"，有的人"飞来横祸"。

我们都希望"趋吉避凶、求福远祸"；然而世事多变，一切都不能尽如人意。所谓"祸不单行，福无双至"，当祸福已经成形，等于火势蔓延，不易扑灭。所以我们平时应该要注意所行所为，要培养福德因缘，如此自能消灾免祸。

当一个人在遇到财物损失、家人不幸、自身灾难时，不要完全怨天尤人，因为这都有其必然的"前因后果"。所谓"祸福都是因果的写照，因果都是祸福的定律"。每个人对祸福的看法，都应该知道"祸福无门，唯人自招"。我们的"是福是祸"，就如"烦恼与菩提"，往往纠缠不清。例如，有时候本来是"福德因缘"，由于心念不正，所以"福报变祸兆"；有的时候是祸事，由于用心纯正，所以祸患反而成了福报。

《淮南子》一书有谓"塞翁失马，焉知非福"。此说一位老翁，失去一马，心中非常懊恼。但不日后，失去的老马反而带回一匹骏马，老翁因失马而得马，心中非常高兴。但不久其子因为不谙马性，骑马被摔，负伤在床，因此他又觉得得马是祸。可是当时正逢战争，国家征召壮丁赴沙场，其子因伤，得免入伍，终而保得一命。所以说"塞翁失马，焉知非福"。

语云："祸兮福所依，福兮祸所伏。"人在得意的时候，往往已埋下了"骄恣必败"的种子。有时候遭逢逆境，只要心存慈悲、正直，祸患反而变为成功的"逆增上缘"。

老子说："祸莫大于不知足"；佛法说："祸莫大于有'三毒'。"三毒就是贪、瞋、痴。《菜根谭》也说："福莫福于少事，祸莫祸于多心。"假如我们想要避祸求福，应该自我修身养性，例如"闭门思过"、"躬自反省"、"多结善缘"、"少有贪念"、"增长慈心"、"去除恚恨"等。所谓正知正见，无有自私邪执，如此，管它"祸兮福兮"，必然能够得福而远祸矣！

拥有与享有

"良田万顷，日食几何？大厦千间，睡眠几尺"？你有想过吗？这一生当中，你究竟"拥有"多少？又"享有"多少呢？

在时间上，即使你"拥有"人生百岁，但是你可曾"享有"几时的清闲？诚如西班牙国王拉曼三世（Abderraman III）在位五十年，卸任时无限感慨地说："我这一生，真正属于自己幸福清闲的日子，只有十四天！"在空间上，你"拥有"华屋美厦千万间，但是你可曾"享有"多少个清酣无梦的睡眠？在人间里，你"拥有"家人，家人是你的吗？你"拥有"许多事业，那些事业都能靠得住吗？

世间，你所"拥有"的，不一定都能为你所"享有"；不是你所"拥有"的，也并不代表你就不能"享有"它！

我，高楼大厦一间也没有，但是，你大厦的骑楼下，我可以暂时躲避风雨啊！你花园里的花草树木，我在远处看它一眼，欣赏它一下，总可以吧！

尽管你"拥有"一个乡镇、一个县市、一个都市，但是我可以"享受"清风明月，我也可以看日月星辰。我可以周游世界，我可以关心地球，我可以把所有的人类都看成是我的兄弟姊妹。我"享有"宇宙虚空，比你"拥有"一家、一乡、一市，还要更大、更多、更广。

你是大富翁，你有亿万家财，你去建电影院、建图书馆、建公园；我是市井小民，我是薪水阶级，但是我可以看电影、看书，可以到公园去散步。我不要"占有"，也不要"拥有"，但我可以有无边地"享有"。

你"拥有"多少，我不嫉妒你、不破坏你，反而赞美你、帮助你、祝福你，让你也能"享受"我的好心、好意、好的祝福呀！

高速公路不是我的，但我可以开车驰骋其上；飞机、天空也不是我的，但我可以花少许的钱，也能翱翔在天空里呀！

想一想，我本来只是孤独一个人、孑然一身地来到这个世间，忽然之间，我拥有了父母、兄弟姊妹、老师、朋友、国家社会，甚至宇宙虚空、大地山河。我不但"拥有"这许多，更"享有"他们所给我的方便。我享受了世间给我的这么多好因好缘，因此，我怎么能不感谢、祝福那许多"拥有"的人呢？

轻声慢步

走遍世界各地，不管旅游也好，公务洽商也好，你会发现，华人有一个最大的特点，就是讲话声音很大。

我们在日本坐火车，火车里的日本人，都是静静地看书、阅报，但某些华人在讲话、谈笑。

我们坐飞机，在飞机上，看到美国人都是静静地闭目养神，即使讲话，也都是彼此轻声慢语地交谈；只有华人总是旁若无人地高谈阔论，牵朋带友地大声吆喝。

在新加坡，他们的政府规定，餐饮时不可以大声喧哗，因此即使数千人的宴会里，也是一片宁静祥和。新加坡也是华人呀，为什么新加坡做得到，在中国的很多地方就做不到呢？

有时候华人的聚会，既然讲话声音很大，就不必用麦克风了。可是经常可见十人、二十人的集会，不但用麦克风，而且麦克风的声量都要调得非常大。如果全世界举办音量比赛，必定是华人夺冠军。

　　某些中国人在其他做事方面不太讲究效率，但是在走路方面，喜欢抄近路，喜欢快跑，也成为一个特性。我们看到，摩登的小姐脚穿高跟鞋，不也照样在公共场所里连奔带跑吗？甚至宗教界的人士，身穿法服，不也是为了赶公车、赶火车而狂奔飞跑吗？

　　轻声慢步，这是代表一个国家的文化，代表一国人民的教养。炎黄子孙，经常以拥有五千年的文化而自豪。但是，在生活中，小如"轻声慢步"这么简单的礼仪，我们都能做到吗？所以，今后希望国人都能用心地生活，让我们从生活礼仪中，来展现泱泱大国民的风范吧！

要发现问题

世间的人，什么是聪明的人？什么是愚笨的人呢？聪明的人会发现问题，愚痴的人不知道问题在哪里？

儿童在幼小的时候，向父母、老师提出的问题，虽然幼稚，但是也可以凸显他的智慧。有时候儿童问的问题也不容易回答，例如："妈妈，风是从哪里来的呢？""妈妈，为什么人要吃饭"？"妈妈，隔壁的宝宝你怎么不爱他呢"？儿童虽然有问题，可是有很多的大人、老人，他不知道问题，也不会问问题，懵懵懂懂日复一日地过日子。

有的人，看到树上开花结果，他就研究，这是什么原因呢？甚至地动山摇，他也探讨，这是什么原由呢？打雷闪电，他思索是什么道理？刮风下雨，他好奇是什么缘故？如果是愚民，他会把这一切都归于神话，找不出真正的原因。

人家骂我，批评我，好坏都有原因。我求职碰壁，怀才不遇，到处艰难，这必然也有原因！你找不出原因，就如品种不能改良，自然不会有好的结果！

父母子女，甚至家族有了不和的征兆，你能知道问题出在哪里？你能找出原因吗？否则怎能改善关系呢？社会上，人与人之间，部属与长官、消费者与制造商、劳工与资方之间，发生利益的纠纷，你能查出问题出在哪里吗？否则问题就会一直层出不穷。

国际之间，大国与小国的种族和宗教的纷争，问题出在哪里呢？你找不到问题的症结，或是执着自己的一边，不懂得论"公是公非"，不去面对问题，怎么能有太平盛世呢？

我们的身体，大家最爱护，一旦有了毛病，就要找医师检查，甚至有时恐怕人力"力有未逮"，所以还要藉助多少的仪器、数据，作为医疗的依据。

其实，世间的大部分问题，都是"人为"的因素，所以要解决人间的各种问题，唯有靠人类的自我觉醒。自私无人，是不能解决问题的；执着无明，是不能解决问题的；偏见无理，是不能解决问题的；凡事只知其一不知其二，更是不能解决问题。我们要发现问题，必须懂得自他平等、彼此一如，甚至能够为你设想、给你欢喜。能够如此，世界上还有什么问题不能解决的呢！

微尘与世界

　　在常人的认知里，大的不是小，小的不是大；有的不是无，无的不是有。但是，在《华严经》里，说明时间、空间、物品的"大小"、"有无"时说，小的不是小，大的不是大；刹那不是短，劫波不是长；一个不是少，万亿不是多。

　　正如《般若心经》说，真理的世界，讲到数量，都是"不增不减"；讲到物体，都是"不生不灭"；讲到质量，都是"不垢不净"。这并非佛法笼而统之、模糊人的观念，实在讲，是有至理在焉！谨就此理，以"微尘与世界"，申述其义。

　　"微尘"，用现在的电子、原子、分子来说明，都不足以形容它的微细。微尘者，就是极微细的个体，也就是物质分析到极小不可分的单位，故又称为"极微"。

　　微尘没有长短方圆等形状，也没有青、黄、红、白等色彩，它不是我们用肉眼所能看得见的，但它却是构成宇宙最基本、最细微的元素。世界，都是由此"极微"所组合而成。

平常我们认为微尘是小，世界是大。但是，大如宇宙，如果没有极微的组合，如何有世界？所以说，大的不是大，小的不是小。

世界上，一个人所以伟大成功，是多少像"微尘"的因缘组合而成？一个政治人物，是背后多少人的拥护，他才能成为伟大的领袖？一个军人，所谓"一将功成万骨枯"，是多少人的牺牲，才能成就他的功业？因此，"世界"要感谢"微尘"，正如老板要感谢员工，领导要感谢部属；但是，员工、部属、子女，如果没有老板、长官、父母，你也无所依附。所以"小的不是小，大的不是大"。意思就是说，在平等的真理里，我们要相互尊重、相互包容、相互合作。

我们一个人的身体，就像一个世界，眼、耳、鼻、舌、身、意等分子要能分工合作；六根合作，才像一个人。身体又像一个联合国，平常团结分工，但不可以分离。联合国的组织，即使是一个蕞尔小国如卢森堡、巴布亚新几内亚、基里巴斯共和国等，一旦加入联合国，就可以和英、美、法等大国有同等的地位，也能拥有决策的一票。

所以，大小不是形式的，权利都是一样。所谓"同体共生"、"同体共荣"、"同体共享"、"同体共有"，希望大家都能了解团结合作的重要。

排队的习惯

现代的观光事业发达，尤其我们的经济成长迅速，自从开放观光以来，每年出去旅游观光的人数，高达数百万人。就算我们只是出去走马看花，观光旅游回来，我们总能带一些什么好的东西回来吗？

过去，大家时兴带电饭锅、电风扇，后来带电子计算器、录音机，再后来带香水、化妆品等。到了现在，台湾地区已经成为计算机外销的地区，实在不需要再带一些什么东西回来了。

但是，在各地观光的旅途中，你有见到当地人士排队上车、购票、吃饭（自助餐）、上厕所，甚至汽车停泊也都是排队前进的吗？

排队，是一种良好的习惯。自古以来，中国也有所谓的"先来后到"、"循序渐进"之说。但是民众的生活里，至今还是一窝蜂，还是争先恐后，一点都不像泱泱大国，不像有时代教养的国民，真是很大的遗憾！

到夏威夷观看草裙舞，在一个露天的公园里，一群观光客蜂拥而至，数千人的广场里，只有一个老人在维持秩序。只要他的手一比，你就要到那边去坐好，不可以随意走动，这就是秩序。人多了，他会拿出一条绳子一围，你就不可以越过这个界线，那根绳子就是法律。反观一些落后的地区，不要说一根绳子，就算一堵围墙，他也会翻墙而过，一根绳子哪里就能约束得了他？

佛罗里达州的迪斯尼乐园，每看一个节目，都要排队，有时一排就是一个小时、二个小时，却不见有一个人投机取巧、争先恐后。在伦敦，坐火车、搭飞机，他们那种从容的绅士风度，在在都是令人敬重啊！

在巴黎的卢浮宫，光是一个美术馆，从这一个馆，到那一个馆，排队的人群一长条、一长条的，井然有序；当中也有华人的观光客，他们也很安分守己地跟着排队，只是为什么他们就没有想到，要把这种良好的习惯带回自己的国家呢？

从排队的习惯之养成，就可以看出一个人素养如何？我们希望今后出国旅游，都能用心地学习别人的长处、优点，并且带回来，蔚为风气，如此才不会失去出国旅游观光的意义！

无常的真理

　　"人无千日好，花无百日红"，这就是无常的写照！"月有阴晴圆缺，人有旦夕祸福"，这也是无常的意义！

　　无常，就是迁流、变易的意思。世界上的人物你我、有情无情等，哪有不迁流变化的东西呢？

　　无常，不限于某一人、某一事，它有普遍性的意义。无常，不受权利大小的影响，它有平等性的意义。世间万事万物，都有无常的现象，所以说"无常"就是真理。

　　世界上很多美好的东西，因为有"无常"，所以它是缺陷的。青春美貌，它不能永远常在；名位权力也不能永远拥有。再如金钱财富，随来随去，甚至我们的身体，依科学家的研究，从细胞的组织来看，昨日之我已不是今日之我，今日之我当然也不会是明日之我。不断地迁流，不断地变易，所以都是无常的啊！

　　无常不是完全消极的，本来没有的，因为"无常"，也可以改变一切现象。我贫穷，因缘际会，我发财了；我愚笨，但勤劳苦读，一变而成聪明了。本来无儿无女，忽然妻子弄璋弄瓦，儿女成群；本来空旷的土地，集合建材而成高楼大厦，所谓"空中生妙有"，这不都是无常的现象吗？

无常不可怕，无常也躲避不了！遗憾的是，人一听到"无常"，就如同"谈虎色变"，难道惧怕无常，就能不受无常真理的原则而迁流吗？

从小看到花开花谢，你在无常里没有得到警觉吗？从小看到人生人死，你在生死里面还没有所体悟吗？所以，我们要常体悟"无常"，在"无常"里找寻自己的"未来"。未做完的事情要赶快做好，免得无常到来，未萌其志，未尽其愿；如果想要做的事，赶快积极去完成，因为不积极完成，无常一到，将是终生遗憾啊！

无常，真是美妙啊！所谓"坏的不去，好的不来"。无常的损坏是痛苦的、是凄惨的。但无常的新生，也是喜悦的、建设的。我们可以把坏的变成好的，我们也可以把无常超越世间之外，那就是一个永恒的真如法界了。

一棵摇钱树

　　"一棵摇钱树"，这是过去封建时代落伍的社会里，父母想把女儿出卖到烟花场中赚钱，或是意图以女儿去钓得金龟婿来发财的说法。所谓"一棵摇钱树"，这是错误的。

　　现在家中不只是"一棵摇钱树"，应该是有"多棵摇钱树"。你培养儿子读书，希望他将来出人头地，名利双收，这不就是家中拥有一棵摇钱树吗？你家中有退休的老人，但是"退而不休"，还到外面去赚外快，这不也是家里的摇钱树吗？夫妻男女主人已经有了职业，还要兼职打工，这不也是家里的摇钱树吗？

　　其实，家中的摇钱树可多啦！别人家的一套沙发，用了两年就坏了，我家中的沙发，因为我的爱护，用了五年还是坐卧舒适；我的爱护之心，不就是摇钱树吗？一部汽车，人家用了二年、三年就淘汰更新，我家中的汽车由于我保养得好，用了十年，它的性能还是很好；我的细心保养，不就是我种的摇钱树吗？

所谓"穿不穷，吃不穷，算盘不到一世穷"！我的算盘不就是我的摇钱树吗？我节俭勤劳，不当用的我不用，应该省的我节省，"勤俭持家"不就是我的摇钱树吗？有的人家中雇请管家，而我的家务自己偏劳；有的人花园里的草木要找人修剪，我则利用早晚作为健身运动，这不就是观念的摇钱树吗？

我的家中，人人养成随手关灯的习惯，大家节约用水，这不就是在浇灌家中的摇钱树吗？我的家里和谐、热情、幽默、赞美，使全家的分子都乐于工作、乐于爱护家人，我全家人不都是摇钱树吗？甚至人人奉公守法，不浪费社会成本；人人响应政府垃圾分类、资源回收的政策，这不也是在为社会培植摇钱树吗？

不要把摇钱树寄托在某一个人的身上，也不要寄托在某一件事上，只要观念正确，勤劳奋发，全家遍地是黄金，全家人人都是摇钱树啊！

温度计的冷热

　　在高级的办公厅里，空调的冷热要靠温度计来定标准；飞机上，长途旅行，空气的适度也要靠温度计来测试。早上出门，衣服要穿厚穿薄，也要从温度计来看看今天的气温如何？温度计已经和现代人类的生活紧紧地结合在一起，产生了密不可分的关系！

　　温度计，主要是用来测量气温的冷暖。其实，人情也像温度计一样，从人的面孔上、语言里、态度中，都可以发现，这个人今天的"气候"如何，是晴天呢？是阴天呢？还是晴时多云偶阵雨？

　　在一个家庭里，爸爸妈妈从外面回来，儿女只要一看父母的脸色，就可以知道父母今天的气候如何？如果父母高兴了，带给全家的是灿烂的阳光，是和煦的春风，是满室的温暖；如果父母今天显得很严肃，小儿小女就要特别小心了，免得进入暴风圈，迎面而来的可能就是一场狂风暴雨，也可能是飓风冰雹。

　　一般的温度计具有测试气候的能力，人心的温度计，也可以测得世间万象。例如：现在政治上的气候冷热如何，人心的温度计可以测知；现在经济上的气象温差多少，人心的温度计也可以了然。甚至社会人情的冷暖如何，也需要用人心的温度计去观察测量。

　　有人说，温度计不标准，温度的测量有误差。人心的温度计对于社会的政治、经济、人情的测试，又何尝没有落差呢？所以，一般的温度计有品质的好坏、等级的差别，人心的温度计，同样有高明与不高明之分。高明的温度计，要有敏感性，要有透视力，要能见隐显著、由微知渐。

　　温度计也不是只用来测量别人的，更重要的是用来测量自己。我自己的气温不能时而零度，时而一百度，忽冷忽热，冷热无常，一天里，气象万千，这样的脾气、个性，会让人受不了，自然不会受人欢喜。

　　一般而言，室温以二十四度最为标准，所以冷气机大多调到二十四度为适中；如果使用电风扇，也不能开得太强或太弱，而以中性最适宜，如此才能令人感觉清凉舒适。

　　所以，我们的气温也应该像冷气机、电风扇一样，调得适中，不能太热或太冷。太热了，别人受不了热烘烘的；太冷了，别人也受不了冷冰冰的；能够调到二十四度"中道"，让全家

人，包括你的亲朋好友，大家都能感受到你所散发出来的空气
"清新怡人"。如此，你的做人做事，才能到处受人欢迎、受
人喜爱喔！

搓揉的面团

柏油，经过车轮的碾压，才会结实平坦；水泥，经过沙石的凝结，才能坚固牢靠；钢铁，经过烈火的锻炼，才能坚韧无比；面团，经过不断地搓揉，才能做成美味可口的面包、面条、水饺等。

做人，也要像柏油经过碾压，像水泥经过凝结，像钢铁经过锻炼，像面团经过搓揉，才有价值。

烧饼的松脆好吃，必是搓揉功夫好；面条吃在嘴里有弹性，必是搓揉功夫到家。在军营里，所谓苦练，就是要像面团一样，经过搓揉才能成为一个有胆有识的铁血军人；在学校里，学生经过严师各种的要求，三天一小考，五天一大考，日后才能"青出于蓝，而胜于蓝"。

农夫不怕风寒炎热，辛勤耕耘，才能丰收利民；工人不计个人辛苦，卖力工作，才能增产报国。

宋朝的苏洵，年过二十七岁才发愤苦读，终能与儿子苏轼、苏辙"三苏齐名",留下"眉山生三苏,草木尽皆枯"的佳话。

善辨琴音的蔡文姬,生逢乱世,因为被掳远嫁匈奴,饱尝思乡之苦,后来虽经曹操以父执辈的情谊赎回,仍然受尽骨肉分离之痛。然而坎坷的一生,并没有令她怀忧丧志,反而将她一生所读的文章,默写流传,终能名垂青史。

印度圣雄甘地,他以"不合作主义",经过多少的屈辱、忍耐,终能引起国际的重视,印度因而得以独立。佛陀经过六年苦行,一麻一麦,马麦充饥,经过一番的身心试练、体证,而后才能开悟成佛。

有一天,大雄宝殿里的大磬对铜铸的佛像抗议:"为什么信徒每次到寺院里来,总是带了那么多的鲜花素果来礼拜你,对我,不但不礼拜,还要敲打我呢?"佛像说:"大磬呀!你知道吗?当初我是经过多少的'搓揉'打击,才能成为今天受人礼拜的佛像!而你大磬,因为不堪一击就哇哇大叫,所以你只能成为受人敲打的大磬呀!"

孟子说:"天将降大任于斯人也,必先苦其心志,劳其筋骨,饿其体肤,空乏其身,行拂乱其所为,所以动心忍性,增益其所不能也。"这就是说,经过搓揉,才能成功。

世间,"不经一番寒彻骨,哪有梅花扑鼻香"呢?所以,你想成功吗?那就先做面团。能够禁得起搓揉,才能成功有望!

希望工程

　　现在海峡两岸，皆把儿童的教育列为"希望工程"，凡与此相关的事业，都是"希望工程"。例如到偏远地区捐一所小学，即说我是在帮助"希望工程"；出版儿童教育的书籍，也说我现在从事"希望工程"。

　　"希望工程"成了现代时髦的名词，大家以为"希望工程"是现代的一个新发现，殊不知自古以来凡是对人间社会有利益的事，都是"希望工程"。

　　要建设一条高速公路，方便未来的交通，这不是"希望工程"吗？增加空中、水上的航线，这不是"希望工程"吗？建一座公园，提升文化的品质；建一座图书馆，培养智慧理性的人间，这不都是"希望工程"吗？

　　建设一个新社区，重视人文的布局，这不就是"希望工程"？培养森林，维护环保，这不也是"希望工程"？一个社会，大家都来发心，从事有益于社会大众的福利，这都是每一个人的"希望工程"。

"希望工程"不一定只限于儿童教育而已。其实，大众有大众的工程，我们每一个人的身体就是一个工程。每日三餐注意营养、分量，要把身体的健康工程维护好；每天运动、甩手、走路、呼吸，也是为了维护好身体各部分的工程。甚至于早晚的反省、平时的修身、禅堂里的打坐、佛殿里的礼拜，都是希望我们身心的工程能够健康。自己身心的工程健康，不但有益于个人，更有益于家庭、社会、大众。其实每一个个体的"希望工程"，也都是整个社会的"希望工程"。

家里的儿女，就是全家的"希望工程"；门外的花草树木，也是全家老少的"希望工程"。人活在希望里，不从事"希望工程"，哪里有希望呢？

我们的心，平常接受了太多的是非好坏；能够反观自照，就是心理建设，也是一种"希望工程"。人生有此处、彼处，岁月有今年、明年。人如果能生活在希望里，则生机无限，天天都充满希望无穷。

圣人的财富观

　　你想发财吗? 财富人人喜爱! 但是, 圣者又说:"黄金是毒蛇", 财富究竟是好, 还是坏呢?

　　当然! 善财、净财用得得当, 财富越多越好; 用得不当, 财富也会造业。所谓"名枷和利锁, 相牵入火坑", 可不慎乎!

　　财富如水, "水能载舟, 也能覆舟"; 财富没有"善恶", 但是, 善的因缘能成就一切, 不善的因缘又能分散一切, 正如水火, 相助相克!

　　其实, 财富可以有很多的种类, 有狭义的财富, 有广义的财富; 有有价的财富, 有无价的财富。

　　所谓狭义的财富, 就是金钱、房屋、土地、股票等; 所谓广义的财富, 就是健康、智慧、人缘、信用、口才等等。

　　所谓有价的财富, 诸如声望、名誉、成就、历史等, 这些都是有价的财富; 无价的财富, 例如人格、道德、真心、本性等等。

　　除了以上这许多广义、狭义、有价、无价的财富类别以外，还有圣者的财富。

　　什么是圣者的财富呢？有一次，佛陀与阿难尊者在路上行脚，看到一群乌鸦为了一块死老鼠的肉，彼此争抢，打得头破血流。阿难无限慨叹地说："真可怜！一块死老鼠的肉，也值得这样争食吗？"佛陀说："世间的人，对功名富贵的追逐，不也是像乌鸦争食死老鼠吗？"

　　在圣者的眼中看来，功名富贵如同死老鼠，但是，众生也是争得头破血流。

　　所谓圣者的财富，他们安住于般若禅定的财富里，他们拥有法喜禅悦的财富享受，他们怀着惭愧慈悲的财富愿力，他们在"七圣财"里享用无尽。

　　说到财富，有有形的财富，有无形的财富；有现世的财富，有来世的财富；有个人的财富，也有大众的财富；有物质的财富，也有精神的财富；有一时的财富，也有永远的财富。

　　其实，你固然可以拥有私有的财富，但更要懂得享受共有的财富，例如阳光、空气、净水等。如果你懂得的话，宇宙山河、公园道路，都是我们的财富，我们还会贫穷吗？

人要有远见

　　人的肉眼，看东西有个极限。但是用心去想、用心去看，那就是"远见"。

　　在《楞严经》里有"七处征心"的一段公案，说明我们的"心"，看得到别人，看不到自己；看得到这边，看不到那边；看得到外面，看不到里面；看得到大地山河，看不到自己的心；看得到"有"，看不到"空"。所以，人的"远见"不容易建立，因为，我们一般人只能看到浅处，不能看到深处；只能看到前面，不能看到后面；只能看到近处，不能看到远处。所以，人要有"慧眼"，才能有"远见"。

　　所谓"人无远虑，必有近忧"。人无"远见"，必然只有"浅见"。浅见的人生，他只看到自己，没有看到大众；他只看到家庭，看不到整个社会。像现在台湾政党里的一些分子，都是只有看到政党，没有看到人民。有些人只去看股票，没有看道德；只有看权利，看不到责任；只有看结果，看不到其因。甚至整个社会大众，都是只有看到今生，没有看到来世；只有看到生，没有看到死；看得到现在，没有看到未来。人生的盲点有那么多的"看不清楚"、"看不到"，你说怎么能健全呢？

有的人看到人情，没有看到义气；有的人看到金钱，没有看到信誉；有的人看到利益，没有看到道理。主要的，我们做人行事，需要有"远见"。所谓"远见"，就是不但看到历史，看到我们的祖先，你还必须看到未来和我们的子孙。你也不能只看到我们人类的同乡、同学、同事、同门，你还应该看到十方法界的众生。

也就是说，我们不要只看到一个家庭、一个社团，而要能看到全世界。因为"远见"是没有时间、没有空间、没有阻碍，才是远见；远见要有前瞻性，要有未来性，要有全面性。请问：你为你自己有远见吗？你为整个的家庭、社会、国家、人类，都有远见吗？

如果你想要有远见，请你要看因缘，要看真理。你看到因缘，就是看到真理；你看到真理，才能看到因缘。所以，任何事都不是凭空想象，不是妄断有无，你要透过你的知识、智慧、般若，你才能有远见啊！

社会上，有的人很会投资理财，他就是有远见；有的人善于掌握商机，他就是有远见；能够洞烛先机，懂得未雨绸缪，就是有远见。蚂蚁知道天将下雨，它可以储粮；蜜蜂酿蜜，为了过冬；松鼠聚粮，也是防备严寒。动物都有远见，我们怎么可以不建设我们的远见呢？

孝顺的研议

　　孝顺是中国古老的传统美德，然而随着时代潮流的演变，到了今天，孝顺的内容也变质了！有的人认为父母养儿育女，这是理所当然的责任，不应该要求儿女报答；有的人认为"孝"是应该的，"顺"是不当的。因为多少父母，以他浅陋的知识，要求儿女听从自己的主张，结果儿女为了孝"顺"父母，放弃了自己的理想，荒废了自己一生的前途，殊为可叹！

　　中国的二十四孝，甚至动物里的"羔羊跪乳"、"乌鸦反哺"，时常都被拿来当成教育子孙应该孝顺父母的教材。然而，尽管有道之士言者谆谆，不断说教；但是社会风气的变化，你只要走一趟医院，你就会发现，儿童的病房里，每天有多少孝顺的父母进进出出，老年人的病房里，则少有孝子贤孙的探视。一个母亲可以照顾七子八女，但是，十个儿女也照顾不了一双老父老母啊！

　　所谓"有空巢的父母，没有空巢的小鸟"，父母永远都是扮演着"倚门望子归"的角色。父母在儿女面前，永远都是付出者，很少得到儿女的回馈。尽管儒家一再鼓励青年要阅读《孝经》，佛教也不断提倡"父母恩重难报"，然而有多少人真正呼应了这种道德的说教呢？

莲池大师对于"孝"的意义，把它分为上、中、下三等，倒是至理名言。他说，对父母甘旨侍奉，生养死葬，只是小孝；光宗耀祖，显耀门庭，是为中孝；引导父母脱离轮回，是为大孝。

中国传统的孝道观念，基本上是可以和佛教的报恩思想相互辉映的。在佛门中的孝亲事迹不胜枚举。例如佛陀为父担棺、为母升天说法；目犍连救母于幽冥之苦；舍利弗入灭前，特地返回故乡，向母辞别，以报亲恩；虚云和尚，三年朝礼五台山，以报父母深恩。在《缁门崇行录》里，孝亲的懿行，更是不胜枚举，例如敬脱大师的荷母听学、道丕大师的诚感父骨、师备禅师的悟道报父、道纪禅师的母必亲供等。

不当的顺从父母，固然不必；但是忤逆不孝，甚至当前社会，不断有弑父弑母的逆伦事件传出，则为人神所共愤。毕竟，孝是人伦之始，是伦理道德实践的根本。人而不孝，何以为人？

所以，孝，它维系了社会的伦理道德，促进了家庭的和谐健全。希望我们现代的父母与子女之间，彼此都能建立一些新伦理道德的观念吧！

上中下的等级

　　人，有上等人、中等人、下等人。物品也有三等，上等物品、中等物品、下等物品。菜肴好吃不好吃，也分有上等菜、中等菜、下等菜。学校里的老师批改学生的作文，也会批上等、中等、下等。甚至军中的官阶，也分上将三颗星、中将二颗星、少将一颗星。

　　世间的等级，又如现在的旅馆，有所谓的五星级、四星级、三星级，甚至有的不入流，连一星级都够不上。

　　贫民有一级贫民、二级贫民、三级贫民，古迹也有一级古迹、二级古迹、三级古迹。世间有这许多等级是自然的，例如家庭里，成员的辈分有祖父级、父母级、儿女级，这是自然的顺序，这是代表伦理。

　　但是，在这个自然的轨则之外，你有人格、有学问、有能力，你做了许多有益于社会的事，你就是上等人；你无愧职守，尽心尽力，安守本分，你就是中等人；你如果吃人的，用人的，自己的作为又不检点，常常偷鸡摸狗，为人不正派，人家就会说你是下等人。所以，我们自己要时刻警告自己，我究竟想要做第几等人呢？

说话，也有上等的语言，不但措辞优美，而且有很多的敬语、赞美语；中等语言是中规中矩、本本分分；下等语言则不伦不类、粗鄙不堪。就如写文章，也有上等的文章，论理精辟，叙事生动；中等的文章，平铺直叙、朴实无华；下等的文章，言而无物、索然无味。我们不管为文说话，自己要时常自问，我自己到底是属于哪一等？

在佛教里，讲到忏悔、发心、立愿，也有上、中、下三等。上等忏悔，毛孔出血；中等忏悔，发热出汗；下等忏悔，热泪直流。不管修行、做事，都要讲究品质，你要做哪一等的事呢？

人生，即使不能成为上等人，做上等事、说上等话，至少不能成为下等人，不能做下等事、说下等话。能够做个中等人，只要不辱及门风，不伤及人群，能够安分守己地以平常心，做个平常人，至少如此，也才可告慰平生矣！

附录：
星云大师佛学著作

中文繁体版

《释迦牟尼佛传》

《十大弟子传》

《玉琳国师》

《无声息的歌唱》

《海天游踪》

《佛光菜根谭》

《佛光祈愿文》

《合掌人生》

《星云法语》

《星云说偈》

《星云禅话》

《觉世论丛》

《金刚经讲话》

《六祖坛经讲话》

《八大人觉经十讲》

《观世音菩萨普门品讲话》

《人间佛教论文集》

《人间佛教语录》

《人间佛教序文书信选》

《人间佛教当代问题座谈会》

《当代人心思潮》

《人间佛教戒定慧》

《迷悟之间》(全十二册)

《人间佛教系列》(全十册)

《佛光教科书》(全十二册)

《佛教丛书》(全十册)

《往事百语》(全六册)

《星云日记》(全四十四册)

中文简体版

《迷悟之间》(全十二册)

《释迦牟尼佛传》

《在入世与出世之间——星云大师佛教文集》

《宽心》

《舍得》

《举重若轻·星云大师谈人生》

《风轻云淡·星云大师谈禅净》

《心领神悟·星云大师谈佛学》

《不如归去》

《低调才好》

《一点就好》

《快不得》

《人生的阶梯》

《舍得的艺术》

《宽容的价值》

《苹果上的肖像》

《学历与学力》

《一是多少》

《三八二十三》

《未来的男女》

《爱语的力量》

《修剪生命的荒芜》

《留一只眼睛看自己》

《定不在境》

《禅师的米粒》

《点亮心灯的善缘》

《如何安住身心》

《另类的财富》

《人间佛教书系》(全八册)

《佛陀真言——星云大师谈当代问题》(全三册)

《金刚经讲话》

《六祖坛经讲话》

《星云大师谈幸福》

《星云大师谈智慧》

《星云大师谈读书》

《星云大师谈处世》

《往事百语》(全三册)

《佛学教科书》

《星云法语》

《星云说偈》

《星云禅话》

《包容的智慧》

《佛光菜根谭》